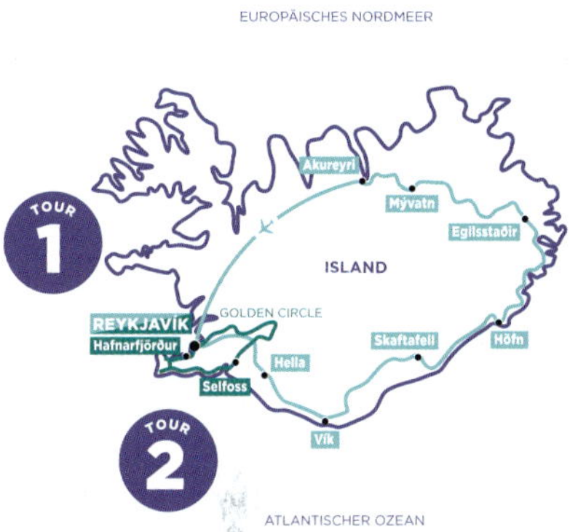

Womit anfangen?

Wählen Sie die Region Islands, die Sie besuchen möchten: **Tour 1** (Reykjavík und der Golden Circle, S. 54) oder **Tour 2** (Die Highlights auf Islands Ringstraße, S. 92; mit zwei Varianten: einer kürzeren und einer längeren Strecke).

Vor der Abreise

Buchen Sie Ihren Flug (S. 10) und Ihre Unterkunft (S. 14) entsprechend den vorgeschlagenen Zwischenstopps. Die Flüge und Entfernungen sind ab Frankfurt angegeben, die Einreiseformalitäten gelten für deutsche Staatsangehörige.

Öffnungszeiten

Sind Sehenswürdigkeiten an bestimmten Tagen geschlossen, vermerken wir dies. Weitere Informationen finden Sie im Register oder auf der entsprechenden Internetseite.

Reservierungen

Für manche Sehenswürdigkeiten müssen Sie Tickets im Voraus buchen. Darauf weisen wir immer hin.

Sind Sie bereit? Dann lesen Sie weiter und genießen Sie Ihre Reise!

INHALT

PRAKTISCHE INFOS

DIE THEMEN DES LANDES

SIMPLISSIME

Island

DER PRAKTISCHSTE REISEFÜHRER DER WELT

EINFACH LOS!

BRUCKMANN

WAS IST DAS BESONDERE AN DIESEM REISEFÜHRER?

– Es ist ein Reiseführer für alle Reisenden und alle Arten von Reisen: mit der Familie oder mit Freunden, für jedes Budget, mit dem Auto oder mit öffentlichen Verkehrsmitteln.
– Sie finden sämtliche Informationen, die Sie brauchen, um Ihren Urlaub gut vorzubereiten.
– Es ist ein Buch, das sich auf das Wesentliche einer Reise konzentriert, damit Sie nichts von dem verpassen, was man unbedingt gesehen haben muss.
– Das Buch hat eine Autorin, die ihre Lieblingsadressen nennt: Restaurants mit lokalen Spezialitäten, Bars und Cafés für entspannte Pausen, die lohnendsten Sehenswürdigkeiten und vieles andere mehr.

Dieses Buch besteht aus vier Teilen:

• **Praktische Infos** Klima, Gesundheit, Lebenshaltungskosten, Transport, Unterkunft und mehr – alle praktischen Dinge, die Sie zur Vorbereitung Ihres Urlaubs und für eine entspannte Zeit vor Ort benötigen.
• Die **Themen des Landes**: Dieser Abschnitt hilft Ihnen bei der Planung Ihrer Reise. Suchen Sie sich hier Ihre persönlichen Highlights aus.
• Die **Touren**: zwei Tourenvorschläge für Island (ein Kurztrip und eine Rundreise zu den wichtigsten Sehenswürdigkeiten des Landes). Jeder Ort wird ausführlich mit **Zwischenstopps** beschrieben. Sie erhalten Tipps für Besichtigungen und Aktivitäten, gute Adressen und **detaillierte Routen**, um von einem Zwischenstopp zum anderen zu gelangen. Karten und Stadtpläne unterstützen Sie dabei. Manchmal schlagen wir auch vor, einen Abstecher in Form eines **Tagesausflugs** zu machen.
• Ein sehr praktisches **Register**, das viele nützliche Informationen und Öffnungszeiten für einzelne Sehenswürdigkeiten auflistet.

TOUREN

TOUR 1

TOUR 2

Bereiten Sie Ihre Reise vor und genießen Sie Ihren Urlaub, ohne etwas zu verpassen. Durchstreifen Sie Reykjavík, die kleine, dynamische Hauptstadt, und gehen Sie anschließend auf Entdeckungsreise in die unberührte Natur. Lassen Sie sich begeistern von Gletschern, Geysiren, Lavafeldern, bunten Bergen, dem Geruch nach Schwefel, wilden Wasserfällen, heißen Quellen, Papageientauchern, Walen und Nordlichtern. Probieren Sie einen gebratenen Hai oder ein unter der Erde gebackenes Brot und genießen Sie einfach Ihre Zeit.

Wenn Sie von Island träumen, fahren Sie einfach hin!

100 % ISLÄNDISCH!

Um die Lieblingsadressen der Einheimischen zu erfahren, suchen Sie nach diesem Piktogramm, das die von **Coralie Grassin** (www.instagram.com/chocoralie) ausgewählten Orte kennzeichnet. Sie ist eine unermüdliche Weltenbummlerin und hat sich bei ihrer ersten Islandreise in das Land verliebt. Seitdem führt sie ihr Weg immer wieder dorthin zurück, um neue Adressen ausfindig zu machen, unbekannte Wanderwege zu erkunden oder einfach nur auf isländische Art das Leben zu genießen.

ISLAND IN KÜRZE

Island
Hauptstadt: Reykjavík

3.30 Std. Flug
Von Frankfurt/M nach Reykjavík

Personalausweis oder Reisepass

Zeitverschiebung
2 Std. (Sommer)
1 Std. (Winter)

Isländisch
(und praktisch überall auch Englisch)

Isländische Krone (ISK)

340 000 Einwohner
und über eine Million Schafe!

Fläche

103 000 km²
Etwa so groß wie NRW und Bayern zusammen

EUROPÄISCHES NORDMEER
Siglufjörður
Húsavík
Mývatn
Akureyri
Seyðisfjörður
Egilsstaðir
kkishólmur
SNÆFELLSNES
ISLAND
Höfn
EYKJAVÍK
GOLDEN CIRCLE
Hafnarfjörður
Selfoss
Skaftafell
Keflavík
LANDMANNALAUGAR
Hella
Blue Lagoon
Kirkjubæjarklaustur
Vík
ATLANTISCHER OZEAN
0
50
100 km

ANRESE

INTERNATIONALER FLUGHAFEN

Der internationale Flughafen in Keflavík (KEF) ist das Tor zur Insel.
Die nationale Fluggesellschaft Icelandair (www.icelandair.com) hat das ganze Jahr über zahlreiche Direktflüge im Angebot, u. a. von Frankfurt/M, Hamburg und Zürich aus. Die Lufthansa (www.lufthansa.com) fliegt Island von Frankfurt/M und München aus an. Die übrigen Flughäfen sind Inlandsflügen vorbehalten.

PREIS FÜR EIN RÜCKFLUGTICKET NACH REYKJAVÍK

300 € Durchschnitt
200 € Guter Preis
100 € Super Preis!

Preise im Jahresdurchschnitt. Buchen Sie lange im Voraus, vor allem in der Hochsaison (Juni–August). Achten SIe auf etwaige Zusatzgebühren für aufgegebenes Gepäck.

OPTION *STOPOVER*

Die Fluggesellschaft Icelandair bietet ihren Kunden auf einer Flugreise über den Atlantik (USA, Kanada) eine Stopover-Option. Ohne Aufpreis können Sie einen Zwischenstopp in Island von einer bis sieben Nächten einlegen. Zwei Reisen zum Preis von einer!

RÜCKFLÜGE

Die Flüge mit Icelandair von Keflavík nach Mitteleuropa starten in der Regel am frühen Morgen. Um Nachtfahrten vor Ihrem Abflug zu vermeiden, denken Sie an die vielen Hotels in der Nähe des Flughafens, die rund um die Uhr einen kostenlosen Shuttleservice anbieten.

UMWELT

In Island wird dieses Thema sehr ernst genommen, da der wachsende Tourismus das Ökosystem bedroht. Derzeit wird die Einführung einer Besucherquote bzw. eines kostenpflichtigen Zugangs zu bestimmten Sehenswürdigkeiten geprüft.

HEISSE QUELLEN

Es versteht sich wohl von selbst, dass Sie sich in natürlichen Quellen niemals einseifen. Hinweis für Camper: In den städtischen Schwimmbädern und auf den meisten Campingplätzen stehen ausreichend Duschen zur Verfügung.

DROHNEN

Beachten Sie die Verbotsschilder und behalten Sie Ihre Drohne immer in Sichtweite. Fliegen Sie nicht über geschlossenen Ortschaften bzw. in Höhen über 130 m und belästigen Sie keinesfalls irgendwelche Tiere.

BEDROHTE TIERARTEN

Wale und Papageientaucher landen als Gericht vor allem auf den Tellern von Touristen. In einer Umfrage gaben nur 3 % der Isländer an, gelegentlich diese Tiere zu essen. Nehmen Sie sich die Einheimischen zum Vorbild!

ABSEITS DER PISTE

Strengstens verboten! Wenn Sie mit dem Auto oder zu Fuß unterwegs sind, sollten Sie nie die ausgewiesenen Wege verlassen, da Sie sonst seltene und empfindliche Ökosysteme gefährden könnten, etwa die Moosflächen.

KLIMA

TEMPERATUR
(min./max. – Reykjavík)
4/10 °C Frühling
8/13 °C Sommer
2/7 °C Herbst
-2/2 °C Winter

BESTE REISEZEIT
(Mitte Juni–August)
Lange Tage, relativ milde Temperaturen und offene Straßen, aber Vorsicht vor plötzlichen Regenschauern!

VIER JAHRESZEITEN AN EINEM TAG
Selbst im Hochsommer folgen heftige Windböen und Regen oft ohne Vorwarnung auf die Sonne.

MITTERNACHTSSONNE UND NORDLICHTER

Die Nähe zum Polarkreis sorgt dafür, dass die Tageslänge in Island von Jahreszeit zu Jahreszeit sehr unterschiedlich ist: Im **Sommer** geht die Sonne kaum unter, und um die Sommersonnenwende (21. Juni) kann man die berühmte **Mitternachtssonne** sehen – ideal für lange Besichtigungstage. Im **Winter** hingegen geht die Sonne nur für wenige Stunden auf, und die Nächte sind sehr dunkel – eine gute Zeit, um **Nordlichter** zu erleben, wenn es nicht bewölkt ist.

TAGESLICHT

Reykjavík	Sonnenauf-/-untergang
Januar	11 Uhr/16 Uhr
Februar	10 Uhr/17 Uhr
März	8.30 Uhr/18.45 Uhr
April	6.45 Uhr/20.15 Uhr
Mai	5 Uhr/22 Uhr
Juni	3.30 Uhr/23.30 Uhr
Juli	3 Uhr/23.50 Uhr
August	4.30 Uhr/23.30 Uhr
September	6.30 Uhr/20.30 Uhr
Oktober	7.30 Uhr/19 Uhr
November	9 Uhr/17 Uhr
Dezember	10.45 Uhr/16 Uhr

GESUNDHEIT UND SICHERHEIT

EUROPÄISCHE KRANKEN-VERSICHERUNGS-KARTE

Wird in öffentlichen Einrichtungen akzeptiert

NOTFALL

112

(Euronotruf)

TRINKWASSER

Das Leitungswasser ist sehr rein. Sie brauchen also kein Wasser zu kaufen, sondern füllen einfach Ihre Trinkflasche am Wasserhahn auf.

GEFAHREN-QUELLEN

Die einzige Gefahr besteht in den Unwägbarkeiten der Natur. Informieren Sie sich regelmäßig über die Wetterbedingungen **(www.vedur.is)**, den Straßenzustand **(www.road.is)** und die Website **www.safetravel.is**, insbesondere, wenn Sie einen Abstecher ins Hochland planen.

UNANNEHMLICHKEITEN

- Im Sommer besiedeln riesige Schwärme von **Mücken** die Gegend um den See Mývatn im Norden und können zu einer wahren Plage werden. Geeigneter Mückenschutz ist vor Ort erhältlich.
- Der **Wind** kann tückisch sein. Achtung wenn Sie Ihre Autotür öffnen oder an einer Klippe stehen!
- **Küstenseeschwalben** verteidigen ihre Eier mit Schnäbeln und Krallen. Tragen Sie eine Kopfbedeckung oder wedeln Sie mit einem Ast, sonst werden schnell Erinnerungen an den Film *Die Vögel* wach.
- **Schlammpfützen** und andere natürliche **heiße Quellen** können kochend heiß sein. Achten Sie darauf, sich nicht zu verbrühen.

ÜBERNACHTEN

CAMPINGPLÄTZE UND BUNGALOWS

Die Palette der Campingplätze reicht von einer einfachen Grünfläche mit WC (Dusche im städtischen Schwimmbad oder *sundlaug*) bis hin zu Plätzen mit Schlafsälen und festen Bungalows. In der Regel gibt es eine Gemeinschaftsküche, gebührenpflichtige Duschen (Kleingeld mitbringen) und manchmal auch eine Cafeteria und Waschmaschinen.

- **Camping:** Die günstigste Option! Besorgen Sie sich ein stabiles, sehr wasserdichtes Zelt und eine wirklich warme Daunendecke, die Nächte sind kühl.
- Die komfortable Alternative: private **Bungalows** für 2–4 Personen *(cabins* oder *cottages)*. Reservieren!
- Campingplätze schließen meist von Sept. bis Mai.
- An vielen Stellen ist das wilde Campen verboten. Eine Liste der davon betroffenen Orte finden Sie auf www.ust.is, Rubrik *Where can I camp in Iceland*.
- Campingcard: Die Pauschale von 159 € zahlt sich ab etwa sechs Nächten aus. www.campingcard.is

CAMPINGBUSSE/ WOHNMOBILE

- Ein guter Kompromiss, um Geld für die Unterkunft zu sparen und sich gleichzeitig gegen die Launen des Wetters zu wappnen.
- Es ist verboten, außerhalb der Campingplätze zu nächtigen und Müll und Abwasser außerhalb der dafür vorgesehenen Bereiche (Campingplätze, Tankstellen) zu entsorgen.
- **Happy Campers** www.happycampers.is
- **Kuku Campers** www.kukucampers.fr

HOTELS

- Sehr teuer, ob mit oder ohne eigenem Bad. Meist ist ein Restaurant angeschlossen, das in ländlichen Gegenden bzw. im Winter oft die einzige Möglichkeit im Umkreis von Kilometern darstellt, einzukehren.
- In der Hochsaison, wenn die Preise in die Höhe schnellen, ist eine Reservierung erforderlich. Immer mehr Hotels in der Nähe von Sehenswürdigkeiten (Golden Circle) bleiben auch im Winter geöffnet.
- In den isländischen Sommerferien kann man ein paar Kronen sparen, wenn man sich in den Internatszimmern von Schülern, den sogenannten **Edda-Hotels** (www.hoteledda.is), einmietet.

JUGENDHERBERGE UND HOSTELS

- Eine gute Option für kleine Budgets.
- Frühstück oft inklusive
- Schlafsäle, Doppel- und Familienzimmer mit und ohne Bad, Gemeinschaftsräume (Küche, Wohnzimmer)
- 35 Herbergen des HI-Netzwerks (www.hihostels.com) sowie unabhängige *hostels*.

ÜBERNACHTEN BEI EINHEIMISCHEN

- **Ferien auf dem Bauernhof** (*farmstay*) und ***guesthouses*** (*gistiheimilið*): eine große Auswahl an Unterkünften (mit oder ohne Bad, Frühstück, Gemeinschaftsküche, *hot pot* usw.). Nur schade, dass es sich bei diesen Adressen manchmal eher um ein Hotel als um ein Gästehaus handelt. www.heyiceland.is
- **Vermietung:** Viele Isländer vermieten ihre Zweitwohnsitze über Buchungsplattformen im Internet.

WICHTIGE BEGRIFFE

***Sleeping-bag accomodation*:** In *hostels* und bei Einheimischen kann man einen Rabatt (ca. 20 %) erhalten, wenn man seinen eigenen Schlafsack und sein eigenes Handtuch mitbringt.
***Made-up beds*:** bezeichnet Zimmer mit Bettwäsche inklusive. Für Handtücher erkundigen Sie sich bitte.
***Hot pot*:** nicht zu verwechseln mit natürlichen *hot pots* (heißen Quellen). In Hotels und Gästehäusern sind das kleine heiße Pools im Freien.

STRASSENNETZ

RINGSTRASSE (ROAD 1)

• Die berühmteste Straße Islands! Sie führt buchstäblich einmal um die ganze Insel herum und verbindet die wichtigsten Städte sowie die meisten Sehenswürdigkeiten miteinander.
• 1339 km lang und seit August 2019 durchgängig asphaltiert.
• Ganzjährig befahrbar, außer bei vorübergehender Schließung aufgrund von schweren Unwettern.
• Auf der gesamten Strecke keine Maut.

NEBENSTRASSEN

• Asphaltiert oder geschottert.
• Straßen mit zweistelligen Nummern (22 bis 99) werden am besten gepflegt.
• Der Zustand der dreistelligen, nicht asphaltierten Straßen ist unterschiedlich. Achten Sie auf die Wetterlage, auch mit Geländewagen.
• Fahren Sie am Übergang von Asphalt- zu Schotterstraßen (Schild *Malbik Endar* oder *Gravel road ahead*) äußerst langsam und umsichtig!

F-ROADS

• F-Roads sind Straßen im Gebirge. Sie führen durch das Hochland im Inneren der Insel.
• Etwa zwischen Mitte September und Mitte Juni gesperrt. Ihre jeweilige Öffnung wird auf der Website www.road.is bekannt gegeben.
• Nur mit Allradfahrzeugen befahrbar.
• Sie werden in den Sommermonaten von speziellen Bussen und Tagesausflüglern genutzt.
• Es handelt sich dabei um Schotterpisten, die immer wieder von Bächen durchzogen werden. Furten sollten nur mit einem geeigneten Fahrzeug und mit äußerster Vorsicht durchquert werden.
• Nur für erfahrene Fahrer geeignet.
• Planen Sie eine zehnfach längere Fahrzeit ein.

STRASSEN-AUSKUNFT

Wetterbedingungen und Zustand der Straßen:
www.vedur.is
www.road.is
www.safetravel.is

MIETWAGEN

MIETWAGEN

Lokale Autovermieter (**Geysir**, **Blue Car Rental** usw.) sind meist günstiger und ebenso zuverlässig wie internationale Anbieter. Beachten Sie, dass einige Autovermietungen nur eine Bezahlung mit **Kreditkarte** akzeptieren. Fragen Sie im Zweifel vor der Buchung bei der Agentur nach, ob Ihre Debitkarte auch anerkannt wird.

VERSICHERUNG

- **CDW**-Versicherung *(Collision Damage Waiver)* in der Regel inbegriffen; **SCDW** *(Super Collision Damage Waiver)* reduziert die in Island sehr hohe Selbstbeteiligung; **TP** *(Theft Protection)*, Diebstahlschutz.

Darüber hinaus gibt es spezielle Versicherungen:

- **GP** *(Gravel Protection)*: empfohlen für F-Roads, bei denen es häufig zu Steinschlag kommt.
- **SAAP** *(Sand and Ashes Protection)*: zum Schutz gegen Sand und Asche – schwer vorhersehbar. Achten Sie auf die allgemeine Wetterlage, bevor Sie diese Zusatzversicherung abschließen.
- Schäden, die beim Durchqueren von **Furten** entstehen, werden nie und Reifenpannen und Schäden am Unterboden, an den Scheinwerfern und der Windschutzscheibe nur selten gedeckt.

WELCHES FAHRZEUG?

Normaler Pkw: Ausreichend, um die Ringstraße und die meisten Nebenstraßen im Sommer wie auch im Winter zu befahren.

Allradantrieb: Im Hochland vorgeschrieben, im Winter überall von großem Vorteil.

GPS

Wenig geeignet für isländische Buchstaben! Laden Sie Offline-Karten von Google Maps herunter oder nutzen Sie die isländische Website www.ja.is (oft genauer als Google). Oder Sie erwerben ganz klassisch eine Straßenkarte.

DIE TOUREN IM BUCH

Unsere Touren sind mit dem Pkw befahrbar, mit Ausnahme der folgenden Orte: Landmannalaugar und Laki, die in Tour 2 behandelt werden und nur mit einem Geländewagen oder über einen Reiseveranstalter zugänglich sind.

AUTOFAHREN IN ISLAND

Abblendlicht
wird Tag und Nacht eingeschaltet.

BEIFAHRER
müssen 12 Jahre alt sein, um vorne sitzen zu dürfen.

ALKOHOL
Null Toleranz: kein Alkohol am Steuer!

TANKEN
An den Tankstellen kann man einkaufen, diskutieren, auf den Bus warten, essen ... und *95 Oktan* (Superbenzin) oder *Dísel* (Diesel) tanken.
- An der automatischen Zapfsäule (0–24 Uhr): die Kreditkarte einführen, bevor man tankt, und einen Betrag angeben, der nicht überschritten werden darf. Keine Sorge, es wird nur die bezahlte Menge abgerechnet.
- Achtung, die Tankstellen sind oft weit voneinander entfernt, teils bis zu 70 km.

PARKEN
Gebührenpflichtig im Zentrum von Reykjavík (170–320 ISK/Std.). Die Parkautomaten akzeptieren Münzen und Kreditkarten. Kostenlos im Rest des Landes außer in Þingvellir (Parkautomat, Festpreis 750 ISK).

FURTEN
- Steigen Sie aus und schätzen Sie die Strömung und die Wassertiefe ab.
- Orientieren Sie sich im Zweifel an anderen Fahrzeugen oder kehren Sie um.
- Stellen Sie den Ventilator ab, schalten Sie die Scheinwerfer aus und aktivieren Sie den Allradantrieb.
- Im ersten Gang mit konstanter Geschwindigkeit und schräg über die Furt fahren.
- Stirbt der Motor ab, nicht wieder zünden. Ein Abschleppwagen ist Pflicht!

TEMPOLIMITS

- **Ortschaft:**
50 km/h
- **Schotterstraßen:**
80 km/h
- **Asphaltstraßen:**
90 km/h

FAHRERLAUBNIS

- Gesetzliches Mindestalter: 20 Jahre
- Mietwagen: Führerschein mindestens ein Jahr alt; 21 Jahre für einen Pkw; 23–25 Jahre für einen Geländewagen
- Internationaler Führerschein nicht erforderlich

AUTOFAHREN IM WINTER

- Alle Fahrzeuge müssen von November bis April mit Winterreifen ausgestattet sein.
- Ein Geländewagen ist nicht erforderlich.
- Denken Sie an eine Sonnenbrille, die Sonne steht sehr tief!

BESCHILDERUNG

Einspurige Brücke
Wer als Erster kommt, hat Vorfahrt.

Beschränkte Sicht
Fahren Sie äußerst langsam und halten Sie die Spur.

Furt
Überfahrt nur, wenn die Bedingungen es erlauben.

UNTERWEGS MIT DEM BUS

Busse sind günstig, aber nicht sehr praktisch, um die Gegend zu erkunden. Im Sommer gibt es nur wenige Linien, und die Frequenz ist begrenzt, im Winter existiert außerhalb der Hauptstadt kaum ein Busnetz. Für die Planung: www.publictransport.is

STRÆTÓ

- Das staatliche Unternehmen operiert das ganze Jahr über in Reykjavík und entlang der Ringstraße 1 (außer im Osten des Landes).
- Ticketkauf online, im Bus (Bargeld), im BSÍ Bus Terminal, dem Busbahnhof von Reykjavík, in Supermärkten und Tankstellen.

www.straeto.is

STERNA TRAVEL

- Nur während der Sommermonate. Interessant, um die Südküste zu erkunden und nach Landmannalaugar und Laki zu gelangen.
- Ticketkauf online oder im Erdgeschoss der Harpa-Veranstaltungshalle in Reykjavík, dem Abfahrtsort der Busse.

www.sterna travel.com

REYKJAVÍK EXCURSIONS

- Bietet im Sommer ein ähnliches Angebot wie Sterna Travel (»Iceland On Your Own«) sowie Tagesausflüge.
- Verbindet außerdem Reykjavík über das Hochland mit Akureyri.
- Ticketkauf online, im BSÍ Bus Terminal in Reykjavík oder in den Tourist-Infos.

www.re.is

RESERVIERUNG

Jede Gesellschaft bietet Einzeltickets und Pauschalangebote an, die im Sommer die Südküste abdecken. Buchung oft am Vortag über die App oder Website.

HOCHLANDBUSSE

Diese von den oben genannten Gesellschaften gecharterten Offroad-Busse ermöglichen es, in das Hochland (Landmannalaugar, Laki) zu gelangen, ohne selbst die F-Roads nutzen zu müssen. Sie fahren von Reykjavík oder von einer der Haltestellen auf den Parkplätzen von Tankstellen oder Supermärkten der größeren Städte auf der Ringstraße (Selfoss, Hella) ab.

UNTERWEGS MIT DEM FLUGZEUG

Es besteht ein gutes Inlandsnetz, und die Preise sind niedrig, zumindest wenn man frühzeitig bucht. Fliegen kann eine gute Alternative sein, wenn man wenig Zeit zur Verfügung hat. Im Winter sind Verspätungen jedoch keine Seltenheit.

INLANDSFLÜGE

Die Inlandsstrecken, die von Icelandair und Eagle Air betrieben werden, verbinden kleinere Städte mit dem Inlandsflughafen Reykjavík (RKV) – nicht zu verwechseln mit dem internationalen Flughafen Keflavík (KEF).
Icelandair: u. a. Reykjavík, Vestmannaeyjar, Akureyri, Egilsstaðir, Ísafjörður. www.icelandair.com
Eagle Air: u. a. Reykjavík, Vestmannaeyjar, Húsavík. www.eagleair.is

DIE TOUREN IM BUCH

Die lange Version der **Tour 2** in diesem Reiseführer beinhaltet einen Inlandsflug zwischen Akureyri und Reykjavík. Buchen Sie diesen so früh wie möglich!

Wegen des Risikos von Verspätungen und Annullierungen ist es ratsam, einen Tag Puffer zwischen einem Inlandsflug und einem internationalen Flug einzuplanen.

GELD

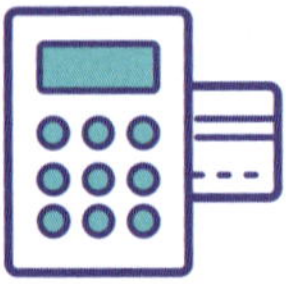

WECHSELKURS

1 € = 146 ISK
5 € = 731 ISK
100 ISK = 0,68 €
2000 ISK = 13,61 €
5000 ISK = 34,02 €
10 000 ISK = 68,03 €

TRINKGELD

In Island ist es nicht üblich, Kellnern und Kellnerinnen Trinkgeld zu geben. Manche Cafés und Restaurants haben ein Trinkgeldglas.

BARGELDLOS ZAHLEN

Kredit- und Debitkarten werden nahezu überall akzeptiert, aber erkundigen Sie sich vorab bei Ihrer Bank nach etwaigen Gebühren.

AUSGABEN

- **Übernachten:** Camping: 1400–2000 ISK (Dusche inbegriffen oder Aufpreis von ca. 500 ISK), Jugendherberge oder Guesthouse (Doppelzimmer) 8000–20 000 ISK, Hotel 20 000–40 000 ISK
- **Take away:** 1500–2000 ISK
- **Essen im Restaurant:** mittags 2500–4000 ISK, abends ca. 5000 ISK
- **Trinken:** Kaffee 400 ISK, Bier 1300 ISK
- **Mietwagen:** Pkw 200–350 €/Woche, Allradantrieb 300–1500 €/Woche, Wohnmobil 620–1400 €/Woche, gestaffelte Tarife
- **Museumseintritt:** 500–2000 ISK
- **Aktivitäten:** Walbeobachtung: ca. 10 000 ISK; Gletscherwanderung: 10 000–15 000 ISK

GÜNSTIG REISEN

0€

FREIER EINTRITT

Zahlreiche Naturschauspiele und geothermische Quellen sind frei zugänglich.

MEHRWERT-STEUER

Die Mehrwertsteuer wird bei **Einkäufen über 6000 ISK** (ca. 40 €) teilweise rückerstattet. Erkundigen Sie sich im Abflugterminal des internationalen Flughafens Keflavík.

NEBENSAISON

Die Preise für Unterkünfte und Mietwagen fallen in der Nebensaison um 20 bis 40 %. Außerdem kann man die Sehenswürdigkeiten des Landes ohne große Menschenansammlungen genießen.

ESSEN UND TRINKEN

- In einigen Cafeterias und Tankstellen gibt es mittags **Suppen** und **Tagesgerichte** zu günstigen Preisen.
- In vielen Unterkünften wird **Tee nach Belieben** angeboten. Denken Sie an Ihre Thermoskanne!
- Kaufen Sie in den **Bónus-Supermärkten** ein. Sie sind deutlich günstiger als die Konkurrenz.
- Wählen Sie Jugendherbergen, Campingplätze und Gästehäuser mit **Selbstverpflegung**.

ÜBERNACHTEN

- **Campingausrüstung** kann bei Iceland Camping Equipment Rental (www.iceland-camping-equipment.com) angemietet werden.
- ***Sleeping-bag accomodation:*** Bringen Sie Ihren Schlafsack und Ihr Handtuch selbst mit, um von niedrigeren Zimmerpreisen zu profitieren.
- Benutzen Sie die Duschen der **städtischen Schwimmbäder**.
- Buchen Sie lange **im Voraus**, wenn die Preise noch nicht angezogen haben.

SPRACHE

ISLÄNDISCH

• **Germanische Sprache**, die sich im 10. Jh. mit den ersten Siedlern herausgebildet hat. Sie ähnelt dem Altnordischen, das von den Wikingern im Mittelalter gesprochen wurde, und hat sich lange von äußeren Einflüssen abgeschottet.

• **Aussprache:** zwei zusätzliche Buchstaben und verschiedene Akzente
ð (Großbuchstabe Ð): »th« wie englisches »the«
þ (Großbuchstabe Þ): »th« wie englisches »thing«
á: wie »au« in Haus
é: wie »je«
ö: wie »ö« in öffnen
æ: wie »ei« in sein
ú: wie »u« in gut
í und *ý*: wie »ie« in Lied

EINIGE WORTE

Guten Tag: *Góðan daginn*
Hallo: *Hæ*
Auf Wiedersehen: *Bless bless*
Gute Nacht: *Góða nótt*
Bitte: *Gerðu svo vel*
Danke: *Takk*
Ja: *Já*
Nein: *Nei*
Sprechen Sie Englisch?: *Talar þú ensku?*
Entschuldigung: *Fyrirgefðu*

GEOGRAFISCHE BEZEICHNUNGEN

Am Wortende:
-*ey*: kleine Insel
-*foss*: Wasserfall
-*fjall*: Berg
-*fjörður:* Fjord
-*jökull*: Gletscher
-*vatn*: See
-*gata/stræti*: Straße
- *vegur:* Straße

FAMILIENNAMEN

Die Familiennamen der Isländer bestehen immer aus dem Vornamen des Vaters (selten der Mutter), gefolgt von dem Suffix »sson« für Männer und »dóttir« für Frauen.

IM ALLTAG

ÖFFNUNGSZEITEN

- Reykjavík: Lokale sind bis spät und Läden auch sonntags geöffnet.
- Restliche Insel: Restaurants schließen früh (manchmal 21 Uhr), viele Lokale sind von September bis April geschlossen.

STROM

In Island werden wie in Deutschland Steckdosen vom Typ F verwendet. Die Netzspannung beträgt 230 V (50 Hz). Heimische Geräte des Typs C passen ebenso, ein Adapter wird nicht benötigt.

TOURIST-INFOS

- Die **Tourist-Info in Reykjavík** (Aðalstræti 2) ist eine Fundgrube für Informationen.
- Auch die **Tourist Centres** geben gerne Auskünfte und organisieren Ausflüge.
- **de.visiticeland.com**

SCHUHE AUSZIEHEN!

Wer ein privates Haus betritt, sollte unverzüglich seine Schuhe ausziehen. Alles andere gilt als ausgesprochen unhöflich, und auch die isländische Gastfreundschaft hat ihre Grenzen ...

ISLÄNDISCHE NÄCHTE

- Es gibt meist keine Fensterläden. Im **Sommer** also für die kurzen Nächte eine Augenklappe mitbringen!
- Im **Winter** sollte man für die dunklen Nächte eine Taschenlampe zur Hand haben.

DUSCHEN

- Duschen mit Seife ist Pflicht, vor allen anderen und meist ohne Duschkabine.
- Denken Sie daran, Ihren Schmuck abzulegen, da das schwefelhaltige Wasser dazu neigt, ihn zu schwärzen.

TELEFON UND INTERNET

Island verfügt über ein sehr gutes Mobilfunknetz, außer im Hochland im Inselinneren. Isländische Telefonnummern bestehen aus sieben Ziffern. Um eine lokale Nummer anzurufen, wenn Sie vor Ort sind, wählen Sie einfach diese sieben Ziffern.

00 354 915 2626

00 – Für Anrufe von Deutschland aus nach Island
354 – internationale Vorwahl von Island
915 2626 – Nummer des Teilnehmers

00 49 1 43 92 19 76

00 – Für Anrufe von Island aus nach Deutschland
49 – internationale Vorwahl von Deutschland
1 43 92 19 76 – Nummer des Teilnehmers ohne die Null

915 2626

915 2626 – Nummer des Teilnehmers

ROAMING

Auch wenn Roaminggebühren im EU-Ausland sowie in einigen weiteren Ländern, darunter Island, nicht mehr erhoben werden, kann das Herunterladen von Daten schnell ins Geld gehen. Bevor Sie Ihr Limit überschreiten, erhalten Sie in der Regel eine Warnung Ihres Anbieters. Wer im Urlaub viel online unterwegs sein möchte, kann Datenpakete extra erwerben.

FESTE UND FEIERTAGE

Þorrablót (Mittwinterfest)	Januar
Iceland Beer Day	1. März
Sjómannadagurinn (Seemannstag)	Erster Sonntag im Juni
Nationalfeiertag	17. Juni
Sommersonnenwende	21. Juni
Réttir (Schafabtrieb)	September

FESTIVALS

- Der Kalender ist prall gefüllt mit internationalen Musikfestivals. Die beliebtesten sind **Sónar** im Februar, **Secret Solstice** im Juni und **Iceland Airwaves** im November.
- Im Sommer kommen einzigartige Feierlichkeiten hinzu, die das kulturelle Erbe einer Region hervorheben: etwa das Wikingerfest in Hafnarfjörður, das Hummerfest in Höfn, das Fischfest in Dalvík. Beinahe jedes Dorf hat seinen eigenen Festtag.

ÞORRABLÓT

Das Wikingerfest zu Ehren des Gottes Thor hat seine Wurzeln in einem nordgermanischen Opferfest. In den Familien und Restaurants stehen dann traditionelle Winterspezialitäten auf der Speisekarte: Schafskopf und -hoden oder Haifischfilet. Der isländische Schnaps *Brennivín* fließt in Strömen, es werden Gedichte rezitiert, und Musik und gute Laune bilden den Rahmen. Guten Appetit!

SJÓMANNADAGURINN

Der Tag der Seeleute und Fischer, der seit 1938 in jeder Stadt und jedem Dorf begangen wird, ist heute ein landesweiter Feiertag. Auf dem Programm stehen Veranstaltungen, Tage der offenen Tür, Ausflüge aufs Meer, Bootsrennen und Aktivitäten wie das »Ugly Fish Display«, ein Wettbewerb für die seltsamsten Kreaturen, die in den Netzen gefunden wurden. Es wird gesungen, getanzt, und es gibt Hotdogs und Fischsuppe.

GEOLOGIE DER EXTREME

ZWISCHEN ZWEI ERDPLATTEN

Island liegt auf der Naht zwischen der amerikanischen und der eurasischen Erdplatte, die allmählich auseinanderdriften. Dieses Phänomen kann man in **Þingvellir** (Silfra-Spalte) oder auf Reykjanes beobachten, wo eine Brücke **(Brú milli heimsálfa)** den Übergang von einem Kontinent zum anderen markiert.

GEOTHERMIE

Die Insel brodelt! Die Bodenwärme liefert 70 % des Energiebedarfs des Landes und ist der Ursprung von Geysiren **(Geysir)**, geothermischen Zonen **(Seltún, Hverir)** sowie heißen Quellen. Wer will, kann sich hier übrigens ein Ei **(Hverasvæðið)**… oder Brot **(Laugarvatn Fontana)** von der Natur zubereiten lassen.

SCHWEFELGERUCH

Ein unangenehmer Geruch nach faulen Eiern liegt rund um die heißen Quellen, geothermischen Zonen, Fumarolen und Schlammtümpel in der Luft. Der Grund dafür ist der allgegenwärtige Schwefel. Auch das Leitungswasser ist mit Schwefel belastet, was aber für den Menschen völlig ungefährlich ist.

Silfra-Spalte
Ein kleiner Tauchgang ins Innere der Erde?

VULKANISMUS

Geologisch ist Island sehr jung und besteht fast ausschließlich aus Gestein vulkanischen Ursprungs. 130 Vulkane gibt es auf der Insel, von denen 32 noch aktiv sind. Statistisch gesehen bricht etwa alle drei bis fünf Jahre einer von ihnen aus.

Die Inselgruppe Vestmannaeyjar ist ein perfektes Beispiel dafür: Surtsey, die jüngste Insel der Welt, die 1963 buchstäblich aus dem Meer emporstieg, und Heimæy, das »Pompeji des Nordens«, das 1973 durch den plötzlichen Ausbruch eines neuen Vulkans in Teilen verwüstet wurde.

SELTÚN
Heiße Dämpfe (Fumarolen), umgeben von buntem Gestein *(S. 88)*

GEYSIR UND STROKKUR
Die kochenden Wassersäulen sind ein Höhepunkt des Golden Circle *(S. 74)*

LANDMANNALAUGAR
Lavaströme und warme Quellen – Island in seiner ganzen Pracht *(S. 114)*

HVERIR
Schlammpfützen, Solfatare und schwefelige Ausdünstungen *(S. 164)*

LAND DER VULKANE

Snæfellsjökull
Der Einstieg in Jules Vernes *Reise zum Mittelpunkt der Erde* *(S. 102)*

Krafla
Das türkisfarbene Wasser des Víti-Sees im Herzen des Kraters *(S. 159)*

Laki
Eine 25 km lange eruptive Spalte, die 1783 plötzlich aufbrach *(S. 134)*

Islands Wahrzeichen, die Vulkane **Hekla** (auch als Tor zur Unterwelt bekannt), **Eyjafjallajökull** (der 2010 den Flugverkehr wegen des massenhaften Ausstoßes von Vulkanasche lahmlegte) oder **Katla** (vom Gletscher Mýrdalsjökull bedeckt, *Bild*), sind nur schwer zugänglich. Im interaktiven Museum **Lava Centre** in Hvolsvöllur kann man mehr über die Entstehung Islands und seine vulkanischen Ursprünge erfahren *(S. 122)*.

... UND ALL DIE ANDEREN

LAND DES EISES

GLETSCHER

Sie nehmen 11 % der Insel ein und bedecken mehrere aktive Vulkane. Bei einem Ausbruch schmilzt ihr Wasser und überflutet bisweilen die umliegenden Ebenen, wo die Ablagerungen ausgedehnte Flächen *(sandar)* bilden – zu sehen vor allem im Südosten der Insel.

EISHÖHLEN

Eishöhlen bilden sich im Inneren der Gletscher. Ihre blauen, weißen oder schwarzen Farben ziehen Reisende von November bis März in ihren Bann. Die Gletscher des **Vatnajökull** sind die berühmtesten, aber nur der **Mýrdalsjökull** ist auch in den Sommermonaten zugänglich.

GLETSCHER-LAGUNEN

Wenn die Gletscher schmelzen, hinterlassen sie Seen, auf denen Eisberge treiben, die mal kristallklar, mal von der Asche vergangener Eruptionen geschwärzt sind. Eine magische Szenerie, die sich in **Jökulsarlón** und **Fjallsarlón** am Rand des Vatnajökull bestaunen lässt.

Crystal Cave
In der berühmten blauen Eishöhle im Inneren des Gletschers Vatnajökull erwartet den Besucher eine atemberaubende unterirdische Welt *(S. 132)*.

Vatnajökull
Ringstraße

Der isländische König der Gletscher, der so groß wie Korsika ist, gab dem größten Nationalpark des Landes seinen Namen *(S. 130)*.

Jökulsárlón
Ringstraße

Eine Gletscherlagune von hypnotischer Schönheit, aus der bisweilen ein Robbenkopf auftaucht. Ein absolutes Highlight! *(S. 132)*

Diamond Beach
Ringstraße

Ein magischer pechschwarzer Strand, an den von den Wellen die glitzernden Eisblöcke des Jökulsárlón angespült werden *(S. 132)*.

DIE SCHÖNSTEN WASSERFÄLLE

Goðafoss
Das letzte Grab der nordischen Götter

Hengifoss
Ein Amphitheater aus rot gestreiftem Gestein

Dettifoss
Der wasserreichste in ganz Europa

Gullfoss
Der »Goldfall«, ein Highlight des Golden Cercle

Svartifoss
Basaltsäulen, die an Orgelpfeifen erinnern

Seljalandsfoss
Durch den Vorhang hindurchblicken: zauberhaft!

EUROPÄISCHES NORDMEER
Siglufjörður
Húsavík
S. 158 Dettifoss
S. 170 Goðafoss
Akureyri
Mývatn
Seyðisfjörður
S. 150 Hengifoss
Egilsstaðir
kishólmur
SNÆFELLSNES
ISLAND
S. 74 Gullfoss
Höfn
EYKJAVÍK
GOLDEN CIRCLE
S. 132 Svartifoss
Keflavík
Hafnarfjörður
LANDMANNALAUGAR
Skaftafell
Hella
BLUE LAGOON
S. 122 Seljalandsfoss
Kirkjubæjarklaustur
Vík
ATLANTISCHER OZEAN
0 50 100 km

BADEN UNTER FREIEM HIMMEL

HEISSE QUELLEN UND POOLS

In Island gibt es über hundert **heiße Quellen** in der freien Natur (Flüsse, Lagunen, Teiche). Manchmal sind sie durch ein Schild am Straßenrand gekennzeichnet. Vielerorts werden sie durch geothermisch beheizte **Schwimmbäder** *(sundlaug)* ergänzt. In Island ein echtes Ritual!

Blue Lagoon
Märchenhafte Lagune mit milchig-blauem Wasser

Mývatn Nature Baths
Auch als »Blaue Lagune des Nordens« bekannt

Hofsós
Pool am Hang mit Panoramablick auf die Fjorde

Secret Lagoon
Thermal-Freibad mit eigenem Mini-Geysir

Reykjadalur
Kaskade mit natürlichen Becken in einem Talkessel

EUROPÄISCHES NORDMEER
Siglufjörður
S.180
Hofsós
Húsavík
S.164
Mývatn
Nature Baths
Akureyri
Mývatn
Seyðisfjörður
Egilsstaðir
kkishólmur
SNÆFELLSNES
ISLAND
GOLDEN
CIRCLE
S.74
Secret Lagoon
Höfn
EYKJAVÍK
S.79
S.88
Reykjadalur
Skaftafell
Keflavík
Hafnarfjörður
LANDMANNALAUGAR
ue Lagoon
Kirkjubæjarklaustur
Hella
Vík
ATLANTISCHER OZEAN
0
50
100 km

ISLÄNDISCHE SPEZIALITÄTEN

Húmar, Hummer zur Verfeinerung von Suppen, Frikassees und sogar Pizzas

Gegrilltes Lamm, das seinen Geschmack dem wilden Thymian verdankt

Hverabrauð
Brot, mit Geothermie in der Erde gebacken

Hákarl, fermentiertes Haifischfleisch, serviert mit einem Glas Schnaps

Pylsur. Hotdog auf der Basis von Lammfleisch – ein Erlebnis!

Kjötsúpa
Schmackhafte Lammbrühe mit Gemüse

Harðfiskur
Getrocknete Fischfilets, speziell zum Wandern

Fiskisúpa
Reichhaltige Suppe mit Fisch und Krabben

Skýr. Der Wikingerquark gehört auf jeden isländischen Frühstückstisch.

Laugarvatn Fontana
Hverabraut 1,
Laugarvatn

Das Brot, das direkt im Boden gebacken wurde, wird gerade aus der Form genommen und dann mit Butter bestrichen: ein echter Genuss!

Hafnarbuðin
Ránarslóð 12, **Höfn**

»Die Langusten-Sandwiches in diesem isländischen Diner sind zum Niederknien!«

Messinn Granda
Grandagarður 8,
Reykjavík

Eine der besten Adressen in der Hauptstadt, um die unzähligen isländischen Fischspezialitäten zu kosten.

EIN WENIG GESCHICHTE

870
Beginn der Kolonisierung

Der norwegische Wikinger Ingólfur Arnarson entdeckt Island in den frühen 870er-Jahren und gründet Reykjavík, die spätere Hauptstadt des Landes.

930
Gründung des Alþing

Auf der Insel leben bereits 25 000 Menschen. Die Streitereien der Clans führen zur Gründung des Alþing, des ersten europäischen Parlaments, in Þingvellir.

Um 1000
Christianisierung

Der norwegische König Ólaf Tryggvason versucht, Island zum Christentum zu bekehren. Schließlich werden die letzten Götterbilder in den Goðafoss geworfen.

Ende 12.–Anf. 14. Jhs.
Große Zeit der Sagas

Höhepunkt der mittelalterlichen Literatur: Rivalitäten zwischen den Clans, Familienchroniken über mehrere Generationen hinweg und große Heldentaten.

1264
Skandinavische Herrschaft

Vulkanausbrüche, Kälteperiode, Bürgerkrieg – isoliert und geschwächt akzeptiert Island das Protektorat Norwegens, bevor es unter dänische Herrschaft gerät (1397).

13.–19. Jh.
Dunkles Zeitalter

Es folgt eine dunkle Zeit, die von Epidemien, Ausbrüchen des Vulkans Hekla und von Handelsbeschränkungen, verhängt von den Dänen, geprägt ist.

1551
Übertritt zum Protestantismus

Der dänische König setzt den lutherischen Glauben durch, doch das geschieht nicht reibungslos. Die isländische Identität wird durch die Dänen zurückgedrängt.

1783
Ausbruch des Laki

Eine Spalte mit 135 Kratern öffnet sich. Die Eruption dauert acht Monate, löscht ein Fünftel der Bevölkerung aus und stößt eine dichte Aschewolke in die Luft.

1940–1944
Zweiter Weltkrieg

Dänemark wird von Nazi-Truppen überfallen. Da Island keine Armee hat, errichten zunächst Engländer, dann Amerikaner Stützpunkte mit insgesamt 80 000 Soldaten.

17. Juni 1944
Unabhängigkeit

Die Isländer sprechen sich mit 98 % für die Unabhängigkeit des Landes aus. Die Republik Island wird auf dem Thingplatz in Þingvellir ausgerufen.

2008
Finanzkrise

Nachdem Island Unmengen in das Bankensystem investiert hatte, führt die globale Finanzkrise zu einem verheerenden Zusammenbruch der lokalen Wirtschaft.

Seit 2010
Tourismusboom

Der Ausbruch des Eyjafjallajökull rückt das Land ins Rampenlicht der Weltöffentlichkeit, und die Zahl der Touristen steigt zwischen 2010 und 2017 um gut 350 %.

SAGEN UND LEGENDEN

Hafnarfjörður
Die Hauptstadt des Elfenreichs

Þingvellir
Freiluftsitz des alten Wikingerparlaments

Goðafoss
Wo die nordischen Götter 999 begraben wurden

Dverghamrar
Basaltsäulen, in denen Elfen und Zwerge leben

Lagarfljót
Hier tummelt sich angeblich eine lange Seeschlange

Saga Centre
Alles über das Leben des Wikingers Njáll

EUROPÄISCHES NORDMEER
Siglufjörður
Húsavík
S.170
Goðafoss
Akureyri
Mývatn
Seyðisfjörður
S.150
Lagarfljót
Egilsstaðir
kishólmur
SNÆFELLSNES
ISLAND
Höfn
S.74
Þingvellir
YKJAVÍK
Keflavík
LANDMANNALAUGAR
Skaftafell
S.82
Hafnarfjörður
S.128
Dverghamrar
S.112
Saga Centre
Hella
BLUE LAGOON
Kirkjubæjarklaustur
Vík
ATLANTISCHER OZEAN
0
50
100 km

ISLANDS TIERWELT

Papageientaucher

Dieser liebenswerte Vogel hält sich von Mitte April bis Mitte August an Islands Küsten auf.
Vestmannaeyjar, Borgarfjörður, Dyrhólaey ...

Pferde

Das Islandpferd stammt aus der Wikingerzeit und erinnert an ein großes Pony. Man sieht es beinahe überall – sogar im Winter, geschützt durch sein dichtes Fell.

Wale

Etwa 15 Arten kommen in isländischen Gewässern vor. Die beste Zeit zur Walbeobachtung ist von April bis Oktober.
Húsavík, Dalvík, Reykjavík ...

Schafe

Mit einer Population von fast drei Schafen pro Einwohner sind sie auf der Insel und oft auch mitten auf den Straßen allgegenwärtig – außer im tiefsten Winter.

Robben

Seehunde und Kegelrobben tummeln sich gerne an den windumtosten Küsten Islands.
Tröllaskagi, Snæfellsnes, Jökulsárlón ...

Polarfüchse

Die einzige Art auf Island, deren Fell sich im Winter weiß färbt. Lebt vor allem in den Westfjorden, ist aber auch auf der Halbinsel Snæfellsnes zu sehen.

NORDLICHTER

SONNENWIND TRIFFT AUF DIE ERDATMOSPHÄRE

Nordlichter entstehen durch Sonneneruptionen, deren energiereiche geladene Teilchen, angezogen von den magnetischen Polen der Erde, in die Atmosphäre eindringen und dort auf irdische Stickstoff- und Sauerstoffmoleküle treffen. Dieses Phänomen tritt hauptsächlich in den Polarregionen auf, wo die Feldlinien die Atmosphäre durchdringen. Eine funkelnde Begegnung, die grüne, gelbe, lilafarbene und blaue Vorhänge an den Himmel zaubert.

DIE JAGD NACH DEN POLARLICHTERN

Wake-up calls: Die meisten Hotels bieten ihren Gäste an, sie zu wecken, wenn sich eine Aurora zeigt.

Exkursionen: Reisende ohne eigenes Fahrzeug können einen Ausflug von Reykjavík aus unternehmen.
Kein Polarlicht erblickt? Der zweite Versuch ist kostenlos!

Elding Adventure at Sea
www.elding.is

Special Tours www.specialtours.is

HAUPTSAISON

Wenn die Nächte am dunkelsten und kältesten sind, beginnen die Nordlichter ihr Schauspiel. Daher kann man sie von September bis April beobachten.

INTERNET

www.northernlightsiceland.com/northern-lights-forecast

http://en.vedur.is/weather/forecasts/aurora

FILMKULISSEN

Vatnajökull
Batman Begins, Interstellar

Reynisfjara
Flags of Our Fathers, Noah, Rogue One

GAME OF THRONES

Die isländischen Landschaften tauchen in der Serie seit der zweiten Staffel auf. Einige der wichtigsten Orte: der **Þingvellir**-Grabenbruch, der schwarze Sandstrand von **Reynisfjara**, **Grjótagjá** und **Dimmuborgir** in der Nähe von **Mývatn** sowie die wunderschöne Silhouette des **Kirkjufell**.

DAS ERSTAUNLICHE LEBEN DES WALTER MITTY

Der Film mit Ben Stiller ist ein Werbespot für das Land. Die Skateboardszene wurde auf der Serpentinenstraße in **Seyðisfjörður** gedreht und die Fahrradszene in **Grundarfjörður** am Fuße des **Kirkjufell**. **Stykkishólmur** und die Lavafelder von **Berserkjahraun** dienten ebenfalls als Kulisse.

Jökulsárlón *Stirb an einem anderen Tag, Im Angesicht des Todes*

Kleifarvatn
Black Mirror, Episode »Krokodil«

EUROPÄISCHES NORDMEER
Siglufjörður
Húsavík
Mývatn
Akureyri
Seyðisfjörður
Egilsstaðir
kisihólmur
Berserkjahraun
jufell
ISLAND
S.130
Vatnajökull
Höfn
GOLDEN CIRCLE
EYKJAVÍK
Þingvellir
S.132
Jökulsárlón
Keflavík
S.88
Kleifarvatn
Hafnarfjörður
Skaftafell
LANDMANNALAUGAR
Hella
Kirkjubæjarklaustur
S.126
Vík
Reynisfjara
ATLANTISCHER OZEAN
0
50
100 km

HÄUSER MIT GRASDACH

Keldur Turf House
Der älteste Bauernhof Islands

Hofskirkja
Eine Kirche, eingebettet in die grüne Landschaft

Stöng
Die Überreste eines alten Wikingerhofs

Skógasafn
Drei alte Häuser bergen heute ein Museum

Glaumbær
Ehemaliger Bauernhof mit schönen Fassaden

Lindarbakki
Knallrote Wände und ein Dach aus Gras

EUROPÄISCHES NORDMEER
Siglufjörður
Húsavík
S.182
Mývatn
S.156
Akureyri
Glaumbær
Lindarbakki
Seyðisfjörður
Egilsstaðir
kishólmur
SNÆFELLSNES
ISLAND
Höfn
Þingvellir
S.120
YKJAVÍK
Hofskirkja
Stöng
Keflavík
GOLDEN
CIRCLE
S.132
S.112
Keldur
Skaftafell
Hafnarfjörður
Turf House
Hella
S.122
Kirkjubæjarklaustur
Skogasafn
Vík
ATLANTISCHER OZEAN
0
50
100 km

UNGEWÖHNLICHE MUSEEN

HERINGSMUSEUM

Ein Blick zurück auf den Aufschwung der Heringsindustrie Anfang des 20. Jhs. Boote, eine Konservenfabrik, Geschäftsbücher, alte Werkzeuge, bis ins kleinste Detail nachgebildete Schlafzimmer. Die Zeit scheint hier angehalten worden zu sein.

Siglufjörður

PETRA'S STONE COLLECTION

Für Petra begann als Kind alles mit ein paar Steinen, die sie am Wegesrand fand. Es folgten Mineralien, Kristalle, Geoden – bis Haus und Garten voll damit waren. Ihre wunderschöne Sammlung fasziniert auch heute noch Geologen aus aller Welt.

Stöðvarfjörður

ISLÄNDISCHES PHALLUSMUSEUM

Schmunzeln und überraschende Anekdoten sind garantiert! Hier trifft man auf nicht weniger als 283 Exemplare, von der Maus über den Eisbären bis hin zum Orca – und, ja, auch des Homo sapiens. Spenden werden gerne entgegengenommen.

Reykjavík

SHARK MUSEUM

In einem Schuppen wird der Haifischfang vorgestellt. Gegenüber befindet sich ein Trockenhaus, in dem Haifischfleisch in Reih und Glied zum Trocknen aufgehängt ist – und auch verkostet werden kann. Das Erlebnis ist geruchs- und geschmacksintensiv!

Bjarnarhöfn

BONES, STICKS & STONES

Das skurrile Kuriositätenkabinett eines Naturliebhabers mit Muscheln, Vogelflügeln, Robben- und Walskeletten, die im Garten kunstvoll in Szene gesetzt werden. Felsskulpturen und Rentiergeweihe ergänzen das originelle Ensemble.

Djúpivogur

EUROPÄISCHES NORDMEER
Heringsmuseum
S.180
Siglufjörður
Húsavík
Mývatn
Akureyri
Seyðisfjörður
Egilsstaðir
rk Museum
S.106
Stykkishólmur
ISLAND
Petra's Stone Collection
S.144
S.144
Bones, Sticks & Stones
EFELLSNES
Höfn
Isländisches
allusmuseum
S.66
GOLDEN CIRCLE
Keflavík
REYKJAVÍK
Skaftafell
Hafnarfjörður
LANDMANNALAUGAR
Hella
Kirkjubæjarklaustur
Vík
ATLANTISCHER OZEAN
0
50
100 km

OUTDOOR-AKTIVITÄTEN

SKIFAHREN

Pistenskifahren, Langlauf, Snowboarden – das Land des Eises lädt das ganze Jahr über zum Wintersport ein. **Mývatn, Snæfellsjökull ...**

WANDERN

Erkunden Sie auf Spaziergängen oder auch längeren Wanderungen die geheimnisvollen Landschaften Islands. **Skaftafell, Landmannalaugar ...**

REITEN

Ein Ausritt durch die Wildnis ist ein unvergessliches Erlebnis. **Stallungen in Eldhestar (Hveragerði) oder Langhús Farm (Tröllaskagi) ...**

KAJAK

Gleiten Sie sanft zwischen kristallklaren Eisbergen und begegnen Sie Robben und Seevögeln. **Jökulsárlón, Gletscherlagune von Heinaberg**

WALBEOBACHTUNG

Ganzjährig, insbesondere von April bis Oktober. War der erste Ausflug erfolglos, bieten die meisten Anbieter einen zweiten an. **Húsavík, Dalvík, Reykjavík**

TAUCHEN

Das kristallklare Wasser, das aus den zahlreichen Gletschern fließt, wird abenteuerlustige Taucher begeistern. **Silfra-Spalte in Þingvellir, Kleifarvatn ...**

GLETSCHER UND EISHÖHLEN ERKUNDEN

Der Vatnajökull, mit einer Fläche von rund 8100 km² der König der isländischen Gletscher, und seine zahlreichen Begleiter bieten verschiedene Möglichkeiten für Aktivitäten in der spektakulären Schnee- und Eiswelt: Wanderungen auf den Gletschern (das ganze Jahr über) oder die Erkundung von Eishöhlen (im Winter, mit Ausnahme der Höhle Mýrdalsjökull). Aber Vorsicht: Eine professionelle Begleitung ist unerlässlich! Die Ausrüstung wird dabei gestellt.
Crystal Cave, Skaftafell, Mýrdalsjökull ...

REYKJAVÍK — SELFOSS — HAFNARFJÖRÐUR — FLUGHAFEN KEFLAVÍK

REYKJAVÍK UND DER GOLDEN CIRCLE

Das Erfolgsrezept für den schnellen Einstieg: Verbringen Sie erst ein paar Tage in Islands quirliger und hipper Hauptstadt. Nur eine 45-minütige Autofahrt entfernt erwarten den Besucher dann alte Wikingerstätten, Geysire, Wasserfälle und geothermische Pools inmitten der atemberaubenden Natur. Island auf den Punkt gebracht!

Diese Strecke ist ganzjährig mit dem Pkw befahrbar.

TOUR 1

Entdecken Sie auf drei Etappen die Highlights rund um Reykjavík

1 | Reykjavík

Die nördlichste Hauptstadt der Welt
2 Tage

2 | Selfoss

Die Naturwunder des Golden Circle
1–2 Tage

3 | Hafnarfjörður

Die unvergleichliche Blue Lagoon
1–2 Tage

Der Golden Circle bezeichnet eine beliebte Tour, die wichtige Sehenswürdigkeiten Islands zusammenfasst: den Nationalpark Þingvellir, mehrere Geysire und den imposanten Wasserfall Gullfoss

1 Tagesausflug

- **Von Reykjavík:** Videy

ETAPPE 1 REYKJAVÍK

VOM FLUGHAFEN KEFLAVÍK INS ZENTRUM

Bus: mit Flybus, Gray Line Iceland oder Strætó, Linie 55

Auto: 45 Min. über die Route 41

Taxi: ca. 15 000–20 000 ISK

UNTERWEGS IN REYKJAVÍK

Zu Fuß: Ein Spaziergang ist die beste Art, die Stadt in ein oder zwei Tagen zu erkunden.

Bus: Reykjavík besitzt ein ausgezeichnetes Busnetz. Die Gesellschaft Strætó bedient das Zentrum und die Vororte. Fahrkarten können beim Fahrer (Kleingeld mitbringen), per App, in einigen Tourist-Infos und an Busbahnhöfen gekauft werden. www.straeto.is

Parken: im Zentrum kostenpflichtig

Fahrrad: Es gibt zahlreiche Fahrradwege. Vermietung z. B. bei Reykjavik Bike Tours (Ægisgarður 7). www.icelandbike.com

INFOS & ADRESSEN

- **Tourist-Info:** Tjarnargata 11, www.visitreykjavik.is
- **Reykjavík City Card:** Freier Zugang zu einigen Museen und Schwimmbädern, Bussen und der Fähre nach Viðey (24, 48 oder 72 Std.). Die Karte ist online oder bei der Tourist-Info sowie in einigen Geschäften erhältlich.
- **Orientierung:** Wir haben den Stadtbesuch in zwei Abschnitte aufgeteilt: **1. Altstadt und Hafen** sowie **2. Zwischen Sólfar und Hallgrímskirkja**. Zu Fuß ist man ca. 15 Minuten von Harpa nach Hallgrímskirkja unterwegs.

BESICHTIGUNG

Es gibt zahlreiche Anbieter, die Stadtführungen, eine Tour auf dem Golden Circle, die Naturwunder der Südküste, die Jagd nach Nordlichtern oder die Beobachtung von Walen im Programm haben. Hier eine kleine Auswahl:

Reykjavik Excursions www.re.is
Gray Line Iceland www.grayline.is
Sterna www.sternatravel.com
The Reykjavik Food Walk www.thereykjavikfoodwalk.com

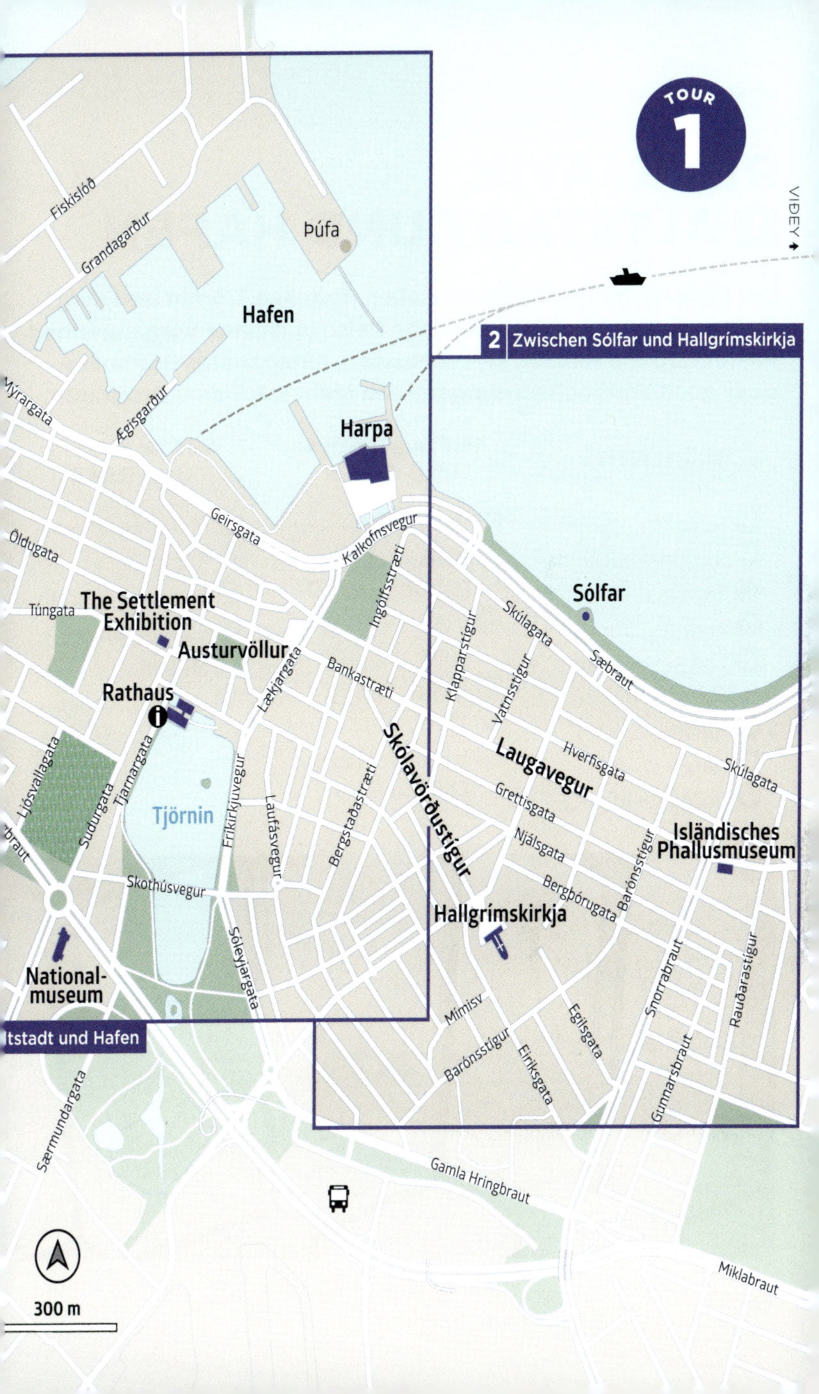
TOUR
1
VIÐEY
2 Zwischen Sólfar und Hallgrímskirkja
Fiskislóð
Grandagarður
Þúfa
Hafen
Mýrargata
Ægisgarður
Harpa
Geirsgata
Kalkofnsvegur
Öldugata
Ingólfsstræti
Túngata
The Settlement Exhibition
Austurvöllur
Sólfar
Skúlagata
Klapparstígur
Vatnsstígur
Sæbraut
Lækjargata
Bankastræti
Rathaus
Skólavörðustígur
Laugavegur
Hverfisgata
Skúlagata
Ljósvallagata
Suðurgata
Tjarnargata
Tjörnin
Fríkirkjuvegur
Laufásvegur
Bergstaðastræti
Grettisgata
Njálsgata
Barónsstígur
Isländisches Phallusmuseum
Skothúsvegur
Bergþórugata
Hallgrímskirkja
Sóleyjargata
National-museum
Mímisv
Egilsgata
Snorrabraut
Rauðarárstígur
Barónsstígur
Eiríksgata
Gunnarsbraut
tstadt und Hafen
Sæmundargata
Gamla Hringbraut
Miklabraut
300 m

REYKJAVÍK
1 ALTSTADT UND HAFEN

Der historische Stadtkern zwischen dem See Tjörnin und dem Hafen verspricht eine malerische Reise in Islands Vergangenheit. Pastellfarbene Häuser, kleine Museen, entspanntes Bummeln oder auch Walbeobachtungstouren stehen auf dem Programm.

HIGHLIGHTS

- A Tjörnin
- B Nationalmuseum
- C Rathaus
- D Austurvöllur
- E The Settlement Exhibition
- F Harpa
- G Hafen
- H Bootsausflüge

MITTAGSPAUSE UND CAFÉS

- 1 Valdís
- 2 Bæjarins Beztu Pylsur
- 3 Icelandic Street Food
- 4 Sægreifinn
- 5 The Coocoo's Nest
- 6 Icelandic Fish & Chips

RESTAURANTS UND BARS

- 7 Matur og Drykkur
- 8 Kopar
- 9 Grillmarkaðurinn
- 10 Slippbarinn
- 11 Microbar
- 12 Pablo Discobar
- 13 Húrra

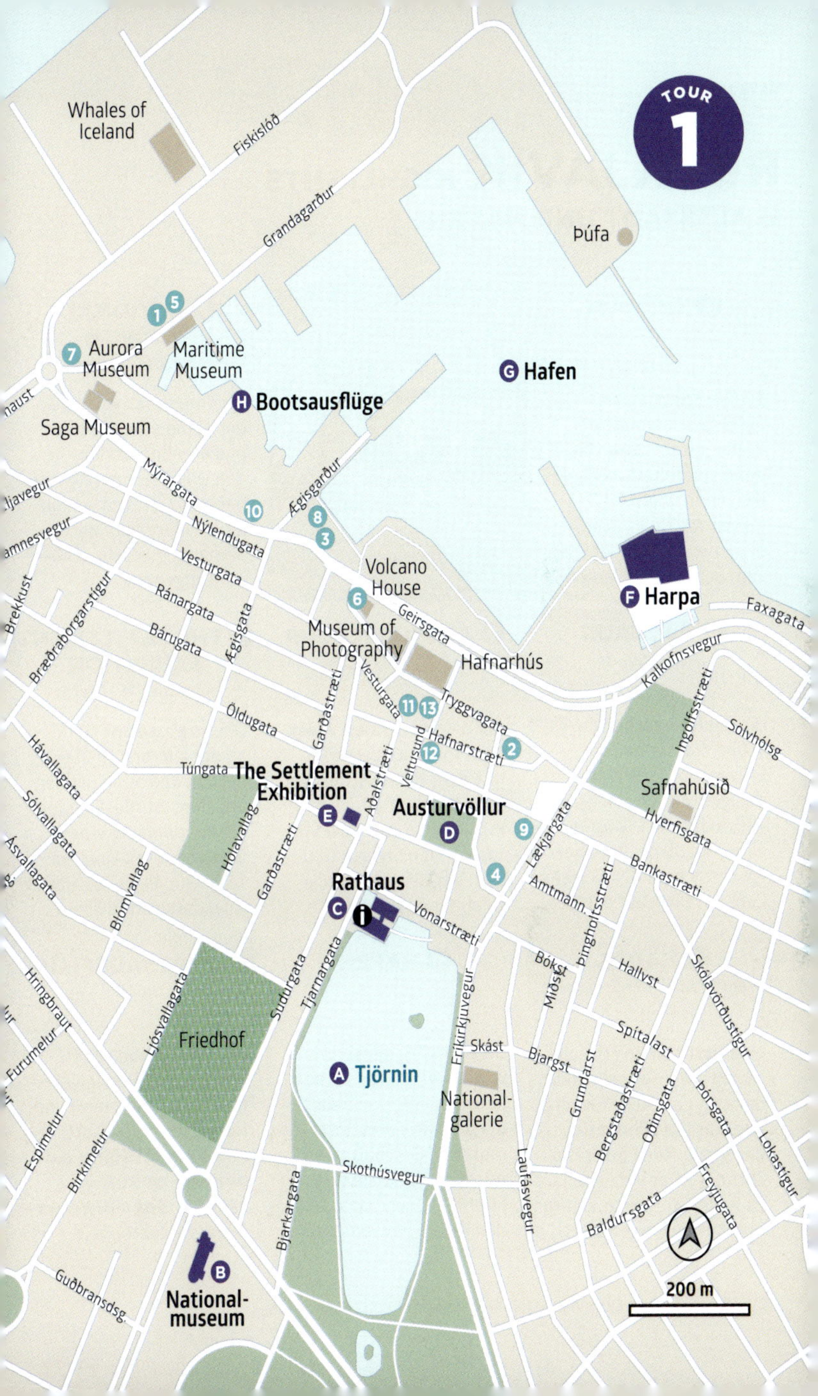
TOUR
1
Whales of Iceland
Fiskislóð
Grandagarður
Þúfa
Aurora Museum
Maritime Museum
G Hafen
H Bootsausflüge
Saga Museum
Mýrargata
Ægisgarður
Nýlendugata
Vesturgata
Volcano House
Ránargata
Bárugata
Ægisgata
Brekkust
Bræðraborgarstígur
Museum of Photography
Geirsgata
Hafnarhús
F Harpa
Faxagata
Kalkofnsvegur
Ingólfsstræti
Sölvhólsg
Tryggvagata
Hafnarstræti
Öldugata
Garðastræti
Vesturgata
Veltusund
Aðalstræti
Túngata
The Settlement Exhibition
E
Austurvöllur
D
Safnahúsið
Hverfisgata
Bankastræti
Hávallagata
Sólvallagata
Ásvallagata
Hólavallag
Garðastræti
Lækjargata
Amtmann.
Þingholtsstræti
Rathaus
C
Vonarstræti
Blómvallag
Hringbraut
Ljósvallagata
Suðurgata
Tjarnargata
Bókst
Miðst
Hallvst
Skólavörðustígur
Spítalast
Friedhof
Fríkirkjuvegur
Skást
Bjargst
Grundarst
Bergstaðastræti
Óðinsgata
Þórsgata
A Tjörnin
National-galerie
Furumelur
Espimelur
Birkimelur
Skothúsvegur
Laufásvegur
Lokastígur
Freyjugata
Baldursgata
Bjarkargata
B
National-museum
Guðbrandsdg.
200 m

REYKJAVÍK HIGHLIGHTS

1 ALTSTADT UND HAFEN

A TJÖRNIN

Seinen Spitznamen »größte Brotsuppe der Welt« hat der **See** von den Einwohnern, die treu die vielen Vögel füttern. Im Winter zugefroren, eignet er sich wunderbar zum Schlittschuhlaufen.

B NATIONAL-MUSEUM

Suðurgata 41 | Eintritt

Ein Tipp für all jene, die die isländische Identität und ihre Entwicklung von den Wikingern bis heute besser verstehen wollen. Eine außergewöhnliche Sammlung in sehr schöner Umgebung.

C RATHAUS

Tjarnargata 11

Die Säulen tauchen direkt in das Wasser ein. Im Erdgeschoss steht ein riesiges Modell von Island – ideal für die Planung eines Roadtrips. Im Obergeschoss befindet sich ein Café mit Blick auf den See.

D AUSTURVÖLLUR

Auf dem **zentralen Platz**, trifft man sich zum Picknick oder demonstriert vor dem *Alþingi* (Parlament). In der Mitte steht die Statue von Jón Sigurðsson, dem Vorkämpfer für die Unabhängigkeit Islands.

E THE SETTLEMENT EXHIBITION

Aðalstræti 16 | Eintritt

Dieses **Museum** steht an der allerersten Straße, die von den alten Siedlern angelegt wurde. Es birgt die Fundamente eines Bauernhauses aus dem Jahr 930. Als Bonus gibt es Anekdoten aus dieser Zeit.

F HARPA

Austurbakka | Eintritt frei

Inspiriert von den Basaltsäulen der Insel, reflektiert dieser gigantische Eisberg aus Glas die Silhouette der Stadt. Noch beeindruckender ist er von innen. Es finden Konzerte, Opern und Aufführungen statt.

G HAFEN

Die alten Fischerhütten wurden in bunten Farben neu gestaltet und beherbergen nun Cafés, Restaurants, Geschäfte und Ausstellungen, die dem Fischfang, den Sagas oder den Walen gewidmet sind.

H BOOTSAUSFLÜGE

Hafen

Um Delfine und Wale (ganzjährig), Papageientaucher (im Sommer) und Nordlichter (im Winter) zu bewundern: **Elding Adventure at Sea** www.elding.is, **Special Tours** www.specialtours.is

 Die jeweiligen Öffnungszeiten finden Sie im Register ab S. 186.

TOUR 1

REYKJAVÍK MITTAGSPAUSE UND CAFÉS

1 ALTSTADT UND HAFEN

1 VALDÍS

- In dieser trendigen Eisdiele stellen Sie Ihr Eis selbst zusammen: Geschmack, Soße, Topping.
- Probieren Sie das Lakritzaroma in einer süßen oder salzigen Version.

Grandagarður 21 | tgl. 12–23 Uhr

2 BÆJARINS BEZTU PYLSUR

»Die Hot Dogs haben es zu Weltruhm gebracht: Bill Clinton ist ein Fan davon! Fragen Sie nach *eina með öllu* mit Röstzwiebeln und Remoulade.«

Tryggvagata 1 | So–Do 10–1, Fr, Sa 10–2 Uhr

3 SÆGREIFINN

»Dieses Restaurant am Hafen wurde von einem ehemaligen Fischer, dem sogenannten ›Baron des Meeres‹, eröffnet und serviert die beste Hummersuppe der Stadt.«

Geirsgata 8 | tgl. 11.30–22 Uhr

4 ICELANDIC STREET FOOD

- Rezepte aus Großmutters Zeiten – hundertprozentig isländisch!
- Die Fischsuppe wird in einem Laib Brot serviert.
- Gerichte werden nach Belieben nachgefüllt.

Lækjargata 8 | tgl. 9–23 Uhr

5 THE COOCOO'S NEST

- Gerichte mittags mit kalifornischem und in den Abendstunden mit italienischem Einschlag.
- Deko im Chalet-Stil.
- Brunch von Fr bis So.

Grandagarður 23 | Di–Sa 11–22, So 11–16 Uhr

6 ICELANDIC FISH & CHIPS

- Der Fisch wird hier nur sehr soft frittiert, ähnlich wie Tempura in Japan.
- Außerdem stehen Fischsuppe, Muscheln oder Burger auf der Karte.

Tryggvagata 11 | tgl. 11.30–22 Uhr

REYKJAVÍK RESTAURANTS UND BARS

1 ALTSTADT UND HAFEN

7 MATUR OG DRYKKUR

»In einer einstigen Pökelfabrik lassen sich isländische Rezepte vergangener Zeiten entdecken.«
Grandagarður 2 | Do–So 18–23 Uhr | Reserv. empf., www.maturogdrykkur.is, ✆ 571 88 77

8 KOPAR

• Auf den Tisch kommen isländische Rezepte, gewürzt mit einem Hauch von Fantasie.
• Schöne Aussicht auf das Meer und den Hafen.
Geirsgata 3 | Mo 17–21, Di–So 11.30–15, 17–21 Uhr

9 GRILLMARKAÐURINN

• Die schicke Gastro-Version des Grillrestaurants.
• Skandinavische Küche.
• Fleisch und Fisch, z. B. Lammrücken oder Entenconfit, kühn zubereitet.
Lækjargata 2a | So–Do 18–22.30, Fr, Sa 18–23 Uhr

10 SLIPPBARINN

• Gemütliche Bar im Untergeschoss.
• Jazz am Mittwoch, DJ samstags und sonntags.
• Probieren Sie den hausgemachten Birkenlikör.
Mýrargata 2 | tgl. 7–10, 15–23 Uhr

11 MICROBAR

• Die originelle Bar befindet sich im Untergeschoss des Restaurants Reykjavík.
• Schöne Auswahl an in Island gebrauten Bieren.
• Happy Hour 15–19 Uhr.
Vesturgata 2 | So–Do 12–24, Fr, Sa 12–1 Uhr

12 PABLO DISCOBAR

»Schräge Tapeten und Flamingos im Fenster, exotische Cocktails und Discomusik – der perfekte Ort, um auf isländische Art zu feiern.«
Veltusund 1 | So–Do 16–1, Fr, Sa 16–3 Uhr

13 HÚRRA

• Am Montagabend steht Jazz auf dem Programm.
• Lokale oder internationale Bands, am Wochenende legen DJs auf.
• Happy Hour 18–21 Uhr.
Tryggvagata 22 | Mi–Do 18–1, Fr, Sa 18–4, So 19–1 Uhr

TOUR
1

REYKJAVÍK 2 ZWISCHEN SÓLFAR UND HALLGRÍMSKIRKJA

Rund um die moderne Kathedrale Hallgrímskirkja befindet sich ein kreatives Einkaufsviertel mit isländischen Designern, Kunstgalerien, Bars und Street-Art-Fassaden. Hier herrscht zu jeder Tages- und Nachtzeit Partystimmung!

HIGHLIGHTS

- A Sólfar
- B Laugavegur
- C Isländisches Phallusmuseum
- D Hallgrímskirkja
- E Skólavörðustígur
- F Street Art

MITTAGSPAUSE UND CAFÉS

1. Brauð & Co
2. Sandholt
3. Reykjavík Roasters
4. Café Babalú
5. Gló
6. Café Loki

RESTAURANTS

7. Skál!
8. ROK
9. Snaps Bistro-Bar
10. Dill
11. The Holt Restaurant

AUSGEHEN

12. Kaldi Bar
13. Kaffibarinn
14. Bar Ananas
15. Dillon
16. Lebowski Bar

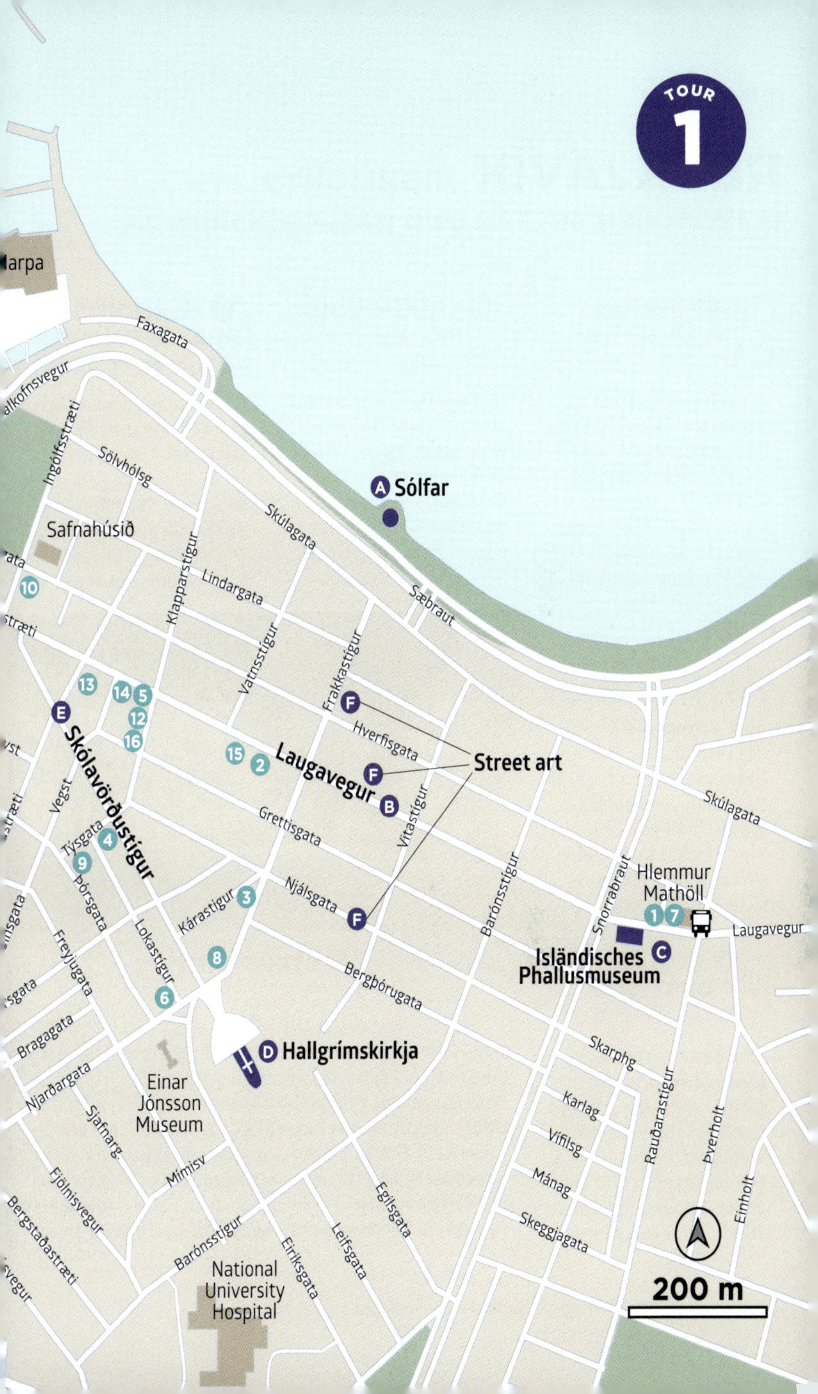
TOUR 1
Harpa
Faxagata
Kalkofnsvegur
Ingólfsstræti
Sölvhólsg
Safnahúsið
Skúlagata
Klapparstígur
Lindargata
Sólfar
Sæbraut
Vatnsstígur
Frakkastígur
Hverfisgata
Street art
Laugavegur
Skólavörðustígur
Vegst
Týsgata
Þórsgata
Grettisgata
Vitastígur
Njálsgata
Kárastígur
Lokastígur
Freyjugata
Bergþórugata
Barónsstígur
Snorrabraut
Hlemmur
Mathöll
Laugavegur
Isländisches
Phallusmuseum
Skúlagata
Hallgrímskirkja
Bragagata
Njarðargata
Einar
Jónsson
Museum
Sjafnarg
Skarphg
Karlag
Vífilsg
Mánag
Skeggjagata
Rauðarárstígur
Þverholt
Einholt
Mímisv
Fjölnisvegur
Bergstaðastræti
Barónsstígur
Eiríksgata
Leifsgata
Egilsgata
National
University
Hospital
200 m
A
B
C
D
E
F
1
2
3
4
5
6
7
8
9
10
12
13
14
15
16

REYKJAVÍK HIGHLIGHTS

2 ZWISCHEN SÓLFAR UND HALLGRÍMSKIRKJA

A SÓLFAR

Sæbraut | Eintritt frei

Die zeitgenössische **Skulptur** »Sonnenfahrt« von Jón Gunnar Árnason (1990) ist von Wikingerschiffen inspiriert und glitzert an der Strandpromenade. Wunderschön in der Abenddämmerung!

B LAUGAVEGUR

Läden So geöffnet

Hier wurde früher die Wäsche in den heißen Quellen gespült. Heute erhebt sich an diesem Ort das **Einkaufszentrum** der Stadt, wo sich Modeboutiquen, Bars und Street Art aneinanderreihen.

C ISLÄNDISCHES PHALLUSMUSEUM

Laugavegur 116 | Eintritt

Ein Museum, das tatsächlich dem Penis gewidmet ist! In der Ausstellung ist 283-mal das gute Stück von Säugetieren zu sehen: Blauwale, Robben, Polarfüchse ... Ein sehr ungewöhnliches Haus.

D HALLGRÍMS-KIRKJA

Skólavörðustígur | Eintritt frei

Die **Kathedrale** im Stil des Brutalismus, deren Gestalt die vielen Basaltsäulen im Land aufgreift, wurde 1948 geweiht. Vom Glockenturm bietet sich eine herrliche Aussicht auf die Stadt.

E SKÓLAVÖR-ÐUSTÍGUR

Eine bezaubernde **Einkaufsstraße**, in der sich gemütliche Cafés, Designerläden und Keramikwerkstätten abwechseln. Der perfekte Ort für eine Einkaufstour und Objekte *100 % made in Iceland.*

F STREET ART

2015–2016 wurden im Rahmen des Projekts »Wall Poetry« die Straßen von Reykjavík mit riesigen, farbenfrohen Wandgemälden geschmückt: Wolfsfrauen (Elle with Úlfur Úlfur), Volksmärchen (Sara Riel), kosmische Tränenfälle (DEIH XLF). Halten Sie auf den Straßen Laugavegur, Njálsgata oder Frakkastígur danach Ausschau oder laden Sie die Karte herunter und folgen Sie dem Führer: **www.visitreykjavik.is/street-art-reykjavik-including-map**

 Die jeweiligen Öffnungszeiten finden Sie im Register ab S. 186.

TOUR 1

REYKJAVÍK MITTAGSPAUSE UND CAFÉS

2 ZWISCHEN SÓLFAR UND HALLGRÍMSKIRKJA

1 BRAUÐ & CO

»In dieser Wikinger-Bäckerei gibt es Zimt-, Rhabarber- und Heidelbeergebäck, das Sie unbedingt probieren sollten!«
Hlemmur Mathöll (weitere Adresse: Frakkastígur 16, zum Mitnehmen) | tgl. 6.30–17 Uhr

2 SANDHOLT

- Konditoreibetrieb in der vierten Generation.
- Süße Leckereien und große Sandwiches.
- Zum vor Ort Genießen oder zum Mitnehmen.

Laugavegur 36 | tgl. 7.30–18 Uhr

3 REYKJAVÍK ROASTERS

- Kaffeekultur in Reykjavík.
- Selbst importierte Kaffeebohnen und vor Ort gerösteter Kaffee.
- Leckere Butterbrote, Suppen und Kuchen.

Kárastígur 1 | Mo–Fr 8.30–17.30, Sa 9–17, So 10–17 Uhr

4 CAFÉ BABALÚ

- Ein Cocooning-Interieur: farbenfrohe Einrichtung, gehäkelte Tischdecken, Lichterketten, Bilder ...
- Brotsuppe, Sandwiches, feine Kuchen etc.

Skólavörðustígur 22 | So–Do 8.30–21, Fr, Sa 8.30–22 Uhr

5 GLÓ

- Schickes, schlichtes skandinavisches Dekor.
- Saisonale Suppen, frische Säfte, diverse Salate, vegane Optionen ebenso wie Fleischlastiges.

Laugavegur 20b | tgl. 7.30–21 Uhr

6 CAFÉ LOKI

- Hier werden eher traditionelle Gerichte serviert.
- Fleischplatten und geräucherter Fisch.
- Die Spezialität des Hauses: Roggenbrot-Eis mit Rhabarbersirup!

Lokastígur 28 | tgl. 9–22 Uhr

REYKJAVÍK RESTAURANTS

2 ZWISCHEN SÓLFAR UND HALLGRÍMSKIRKJA

7 SKÁL!

- Die Gerichte sind mit isländischen Kräutern verfeinert: Engelwurz, arktischer Thymian etc.
- Im ehemaligen Busbahnhof Hlemmur.

Hlemmur Mathöll | So–Mi 12–22, Do–Sa 12–23 Uhr

8 ROK

- Schwarze Holzfassade, hübsche Dachbegrünung.
- Wunderbarer Blick auf die Hallgrímskirkja.
- Kleine Teller im Tapas-Stil nach isländischer Art.

Frakkastígur 26a | tgl. 11.30–23 Uhr (Bild)

9 SNAPS BISTRO-BAR

- Französische Gerichte, die mit isländischen Zutaten kombiniert werden.
- Gute Weinkarte.
- Erstklassiger Service, am Wochenende Brunch.

Þórsgata 1 | Mo–Do 11.30–23, Fr, Sa bis 24 Uhr

10 DILL

»Islands erstes Gourmetrestaurant, ein wahres Fest für die Sinne. Preise auf der Höhe der Zeit.«

Hverfisgata 12 | Mi–Sa 18–22 Uhr | Reserv. erforderlich: www.dillrestaurant.is oder ✆ 5551522

11 THE HOLT RESTAURANT

- Das älteste Gasthaus in Reykjavík mit schönen Holzvertäfelungen.
- Raffinierte Einrichtung, aufgewertet durch eine reiche Kunstsammlung.

Bergstaðastræti 37 | Mi–Sa 11.30–14, 18–21.30 Uhr

REYKJAVÍK AUSGEHEN

2 ZWISCHEN SÓLFAR UND HALLGRÍMSKIRKJA

12 KALDI BAR

- Diese Bar braut ihre eigenen Biersorten.
- Retro-Einrichtung mit gemütlichen Sitzbänken.
- Das Piano steht allen Gästen zur Verfügung.

Laugavegur 20b | So–Do 12–1, Fr, Sa 12–3 Uhr

13 KAFFIBARINN

- Mehrere kleine Salons folgen aufeinander.
- Tagsüber ein Café, in den Nachtstunden ein Club.
- Elektro, House, Indie und am Wochenende DJs.

Bergstaðastræti 1 | So–Do 15–1, Fr, Sa 15–4 Uhr

14 BAR ANANAS

- Originelles Interieur mit Tiki-Bar-Ambiente.
- Ausgefallene Cocktails.
- Mit Tanzfläche und Elektro-Musik, wochenends legt ein DJ auf.

Klapparstígur 8 | Mi–Do 14–1, Fr, Sa 14–3, So 14–24 Uhr

15 DILLON

- Whisky-Bar mit einer großen Auswahl, darunter findet sich sogar eine isländische Marke.
- Rockkonzerte und DJs am Wochenende.
- Mit kleinem Garten.

Laugavegur 30 | tgl. 16–1 Uhr

16 LEBOWSKI BAR

»Die Deko ist vom Film *The Big Lebowski* der Coen-Brüder inspiriert: Diner der 1950er-Jahre mit Jukebox – und 16 White-Russian-Rezepte!«

Laugavegur 20a | tgl. 11–23, Happy Hour tgl. 16–19 Uhr

VIÐEY

DIE VOGELINSEL

- **Fähre: 2–3 Fahrten/Tag vom alten Hafen hinter Harpa; 3–8 Fahrten/Tag von Skarfabakki östl. des Zentrums**
- **Kostenlose Führungen Mo–Fr 13 Uhr**

EIN REFUGIUM FÜR ZAHLREICHE VOGELARTEN

Eine verlassene Siedlung mit einem Augustinerkloster, das früher Ziel von Pilgerfahrten war. Ein großes Gebäude, das Viðey House, war 1755 das erste Steinhaus auf Island. Nur einige wenige Überreste erinnern daran, dass die Insel bis in die 1950er-Jahre bewohnt war. Heute sind die Weiden und Felder mit wildem Kümmel, dessen Samen die Isländer jedes Jahr Anfang September pflücken, die Heimat von etwa 30 Vogelarten. Auf zum Fernglas!

ÁFANGAR

Zeitgenössische Kunst

Halten Sie Ausschau nach den hohen Basaltsäulen, die der Künstler Richard Serra aufgestellt hat. Sie sind immer zu zweit und umrahmen besondere Ausblicke, allen voran die Skyline von Reykjavík.

WANDERUNGEN

Folgen Sie den Pfaden, um Buchten, Höhlen und das alte Dorf zu entdecken. Die Insel ist nur 1,6 km² groß, sodass man sich nicht verlaufen kann. Inselkarte unter: **www.visitreykjavik.is/videy-island**

IMAGINE PEACE TOWER

Yoko Onos Hommage an John Lennon! Vom 9. Okt. bis zum 8. Dez. (Geburts- und Todestag des Sängers) wirft ein Sockel, in den der Satz »Imagine Peace« eingraviert ist, einen Lichtstrahl in den Himmel.

VIÐEYJARNAUST

Okt.–Mai geschl.

Große Hütte von 1986, die für alle offen ist. Familien nutzen den BBQ-Bereich, um sich Würstchen zu grillen oder ihr Picknick zu verzehren. Das **Viðey House** beherbergt auch ein Café (Mai–Sept.).

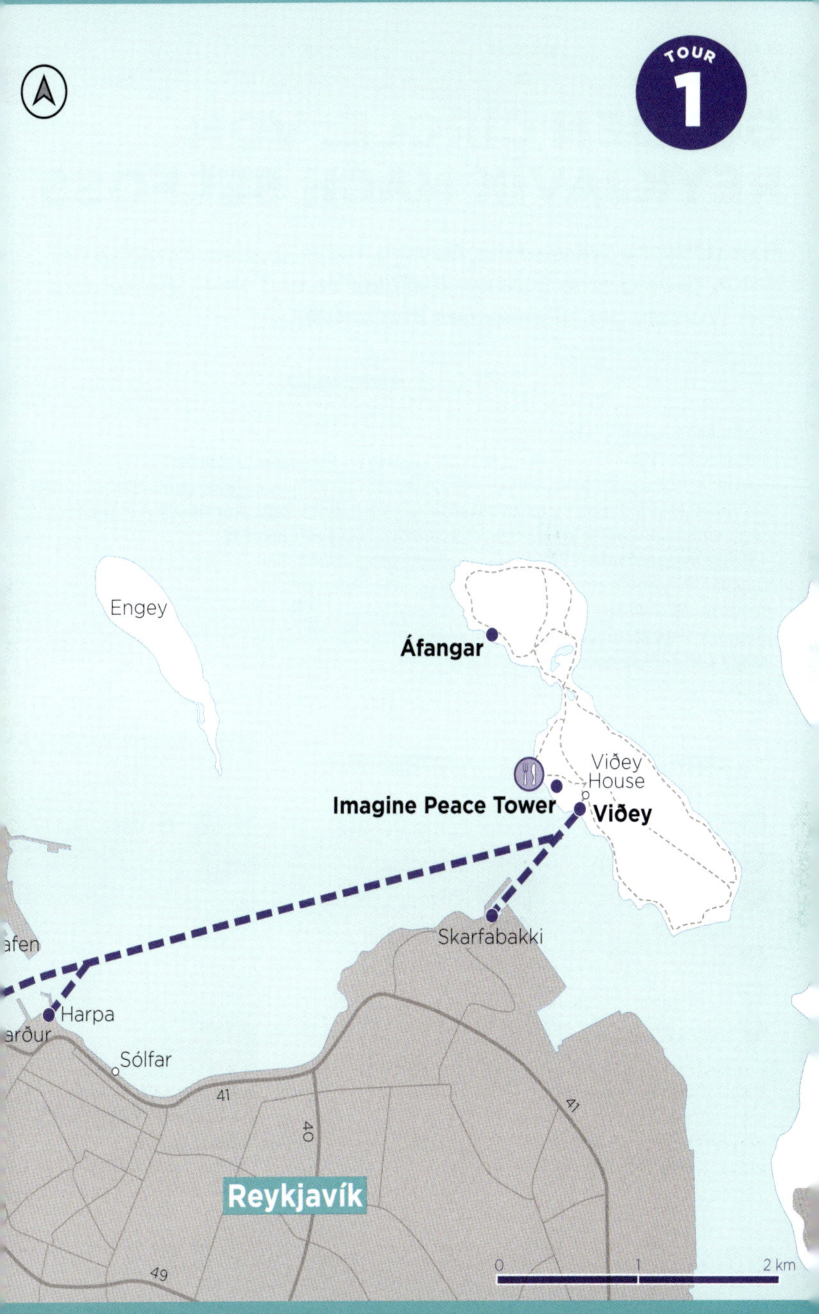

TOUR
1
Engey
Áfangar
Viðey House
Imagine Peace Tower
Viðey
Skarfabakki
afen
Harpa
arður
Sólfar
41
40
41
Reykjavík
49
0
1
2 km

GOLDEN CIRCLE: VON REYKJAVÍK NACH SELFOSS

Majestätische Wasserfälle, Geysire, heiße Quellen inmitten der Natur, geologische Sehenswürdigkeiten und eine Heimkehr zu den Wurzeln der isländischen Zivilisation!

INFOS & ADRESSEN

- **Länge:** 196 km
- **Auto:** Die Straßen sind das ganze Jahr über mit dem Pkw befahrbar.
- **Bus:** In voller Länge nicht möglich, da die weit auseinanderliegenden Sehenswürdigkeiten nicht durch das Busnetz miteinander verbunden sind. Nur Geysir und Gullfoss werden im Sommer von Reykjavik Excursions bedient (Linie 610).
- **Reiseveranstalter:** Es besteht auch die Möglichkeit, den Golden Circle als Tagesausflug von Reykjavík aus zu buchen. Es gibt zahlreiche Anbieter, u. a.

Reykjavik Excursions www.re.is
Sterna Travel www.sternatravel.com
Gray Line Iceland www.grayline.is

HIGHLIGHTS

- A Þingvellir
- B Þingvallavatn
- C In der Spalte tauchen
- D Geysir
- E Gullfoss
- F Secret Lagoon

ADRESSEN

1. Fontana Café
2. Efstidalur II
3. Farmers Bistro
4. Friðheimar

Langjökull
TOUR 1
Grundartangi
Gullfoss
Geysir
Bláskógabyggð
Þingvellir
Laugarvatn
Reykholt
Þingvallavatn
Mosfellsbaer
Flúðir
Secret Lagoon
Skálholt
Sólheimar
Hafnarfjörður
Hveragerði
Selfoss
Eyrarbakki
Stokkseyri
Hella
Hvolsvöllur
Þykkvibær
10
20 km

GOLDEN CIRCLE

HIGHLIGHTS

A ÞINGVELLIR

Parkgebühr

Der Ort des **Freiluftparlaments**, das von 930 bis 1262 von den Wikingern genutzt wurde. Eine 8 km lange tektonische Verwerfung durchzieht diesen Naturpark vom Parkplatz bis zum See.

B ÞINGVALLAVATN

Der breiteste natürliche **See** des Landes. Die Isländer angeln hier im Sommer wie im Winter und vermieten ihre Ferienhütten. Es ist sogar möglich, dort zu tauchen, um den Graben zu erkunden.

C IN DER SPALTE TAUCHEN

Þingvallavatn

Das Wasser des Sees Þingvallavatn ist so klar, dass man nur eine Taucherbrille und einen Schnorchel (sowie einen Anzug) anziehen muss, um die Silfra-Spalte zu sehen. Ausflüge und Ausrüstung: www.dive.is

D GEYSIR

Eintritt frei

Der Namensgeber des Wortes **Geysir**. Heute eher ruhig, begeistert sein kleiner Bruder, der **Strokkur**, immer noch die Massen: Seine kochende Wassersäule steigt alle 10 bis 30 Minuten in die Höhe.

E GULLFOSS

Der Fluss ergießt sich über Stufen, bevor er in eine enge Schlucht stürzt: 32 m Höhenunterschied und ein ohrenbetäubender Lärm! Der Wasserdampf erstrahlt oft in Regenbogenfarben *(Bild)*.

F SECRET LAGOON

Flúðir | Eintritt

Die »Geheime Lagune« war das erste Schwimmbad Islands – natürlich mit Geothermie beheizt. Im Frühling duften die Wiesenblumen. Ein kleiner Pfad führt zu Fumarolen und Mini-Geysiren.

GOLDEN CIRCLE

TOUR 1

ADRESSEN

1 FONTANA CAFÉ

- Isländisches Lavabrot (mit Geothermie gebacken) und ein ausgezeichnetes Büfett.
- Beheizte Becken mit Blick auf den See.

Laugarvatn, Hverabraut 1 | tgl. 11.30–21 Uhr

2 EFSTIDALUR II

- Gourmetpause auf dem Bauernhof mit Eisdiele im Erdgeschoss und Restaurant im Obergeschoss.
- Reitmöglichkeit vor Ort.

Laugarvatn, Bláskógabyggð | tgl. 11.30–20, im Sommer Fr, Sa bis 21 Uhr

3 FARMERS BISTRO

- Die Zutaten stammen vom hauseigenen Bauernhof, alles ist 100 % vegan.
- In geothermischen Gewächshäusern werden Pilze und Paprika angebaut.

Flúðir, Garðastígur | tgl. 12–18, Winter bis 17 Uhr

4 FRIÐHEIMAR

»Ein ungewöhnliches Ambiente mit Gästetischen in einem Tomatengewächshaus ... Mein Lieblingsdessert? Die Apfel-Tomaten-Torte!«

Reykholt, Bláskógabyggð | tgl. 12–16 Uhr

ETAPPE 2 SELFOSS

Selfoss, an der Ringstraße Nr. 1 (Austurvegur) gelegen, bietet sich für eine Übernachtung zwischen Golden Circle und der Halbinsel Reykjanes an. Es gibt keine nennenswerten Sehenswürdigkeiten, aber eine willkommene Infrastruktur.

- **Vergleichsweise gut an das Busnetz angebunden**
- **Von Reykjavík: Strætó, Linie 51, 52; Sterna Travel (Sommer): Linie 12, 13, T11; Reykjavik Excursions (Sommer), Linie 9, 11, 20, 21, 610**
- **Für das Umland ist ein Auto erforderlich.**

SUNDHÖLL SELFOSS

Eines der größten öffentlichen **Schwimmbäder** im Süden von Island: drei Becken, eines davon ein Kinderbecken, dazu eine Sauna und *hot pots*. Isländer treffen sich hier vom frühen Morgen bis abends, um zu plaudern, zu entspannen oder ihre Bahnen zu ziehen.

Tryggvagata 15 | ✆ 480 1960 | Mo–Fr 6.30–12.30, Sa, So 9–19 Uhr

BÓKAKAFFIÐ

- Liebenswerter Buchladen mit Café und Klavier.
- Lächeln ist hier Pflicht.
- Besonders zu empfehlen sind die heiße Schokolade und die hausgemachten Süßigkeiten.

Austurvegi 22 | Mo–Sa 12–18, So 13–17 Uhr

KAFFI KRÙS

- Feinschmeckeradresse in einem knallgelben Haus, viele Einheimische.
- Auf den Tisch kommen Burger, Salate, Suppen, Pizza, Pasta und andere warme Gerichte.
- Es gibt auch Gebäck.

Austurvegur 7 | tgl. 11.30–21 Uhr

TRYGGVASKÁLI

»Hier können Sie sich in einem isländischen Interieur mit originellen Vintage-Möbeln mit leckeren Gerichten verwöhnen lassen und den Blick auf den Fluss genießen.«

Austurvegur 1 | Mi–Fr 16–21, Sa, So 11.30–22 Uhr

TOUR
1

VON SELFOSS NACH HAFNARFJÖRÐUR

- **65 km**
- **Auto: direkteste Verbindung**
- **Bus: Umsteigen in Reykjavík, dann mit der Linie 1 (Strætó) oder dem Flybus (Stopp nach Aufforderung) bis Hafnarfjöður**

HVERAGERÐI

Die Gartenstadt! Exotische Pflanzen, Schnittblumen und Bananenstauden wachsen in Gewächshäusern mitten im Ort. Warme Wasserquellen versorgen sie mit tropischer Wärme. 1939 wurde die staatliche Gartenbauschule gegründet. Wer will, kann den Geothermalpark Hverasvæðið besuchen (tgl., Eintritt). Es gibt dort Fumarolen und heiße Quellen sowie am Empfang einen Kescher, mit dem man seine Eier kochen kann – mit Wasserdampf!

TOUR 1

REYKJADALUR

6 km hin und zurück

Ein **Wanderweg** schlängelt sich von einem Hügel zum nächsten. In einem grünen Tal in einer geothermischen Zone fließt ein Bach mit lauwarmem Wasser in Becken. Badesachen mitnehmen!

ETAPPE 3 HAFNARFJÖRÐUR UND DIE HALBINSEL REYKJANES

Die Blue Lagoon ist ein absolutes Muss, aber die Reykjanes-Halbinsel hat noch weitere Highlights zu bieten. Ein oder zwei Tage lang bewegen Sie sich zwischen geothermischen Stätten, windgepeitschten Klippen und dem Reich der Elfen.

Hafnarfjörður:

- **17 km südl. von Reykjavík**
- **Von Reykjavík: Strætó-Bus, Linie 1 (Stopp in Fjörður), oder Flybus (Stopp nach Aufforderung)**

Halbinsel Reykjanes:

- **Auto erforderlich**

SEHENSWERTES

1. Hafnarfjörður
2. Halbinsel Reykjanes

TOUR 1
Akranes
2 Halbinsel Reykjanes
Mosfellsbaer
Reykjavík
Kópavogur
Garðabær
Hafnarfjörður
1 Hafnarfjörður
Garður
ıdgerði
KEFLAVÍK
RNATIONAL
AIRPORT
Njarðvík
REYKJANESFÓLKVANGUR
Kleifarvatn
Seltún
Grænavatn
Raufarholshellir
Blue Lagoon
Brú milli
ıeimsálfa
Grindavík
Þorlákshöfn
Krýsuvíkurberg
Gunnuhver
1
36
41
42
43
44
45
39
425
427
0 5 10 km

HAFNARFJÖRÐUR UND DIE HALBINSEL REYKJANES

1 HAFNARFJÖRÐUR

Islands drittgrößte Stadt beherbergt die größte Elfenpopulation der Insel. Ihre märchenhafte Atmosphäre und die im Vergleich zu Reykjavík günstigen Unterkünfte machen sie zu einem idealen Ausgangspunkt für die Erkundung der Halbinsel Reykjanes.

- **Das überschaubare Stadtzentrum kann gut zu Fuß erkundet werden.**
- **Die Tourist-Info bietet u.a. thematische Stadtpläne.**
- **Ein besonderes Highlight ist das alljährliche Wikingerfest im Juni.**

HIGHLIGHTS

- A Hellisgerði
- B Hafnarfjörður Museum (mehrere Standorte)
- C Führungen

ADRESSEN

1. Pallett Kaffi
2. Norðurbakki
3. Tilveran
4. A. Hansen
5. Von Mathús & Bar

TOUR 1
Herjólfsbraut
Hjallabraut
Reykjavikurvegur
Fjarðarhraun
Kaplakriki
Flatahraun
Hjallabraut
Herjólfsgata
Hraunbrún
Reykjavikurvegur
Smyrlahraun
Reykjanesbraut
Arnarhraun
Hellisgerði
A
Bookless Bungalow
B
B
Siggubær
Vesturgata
Kirkjuvegur
B
4
C
2
Norðurbakki
Pakkhúsið, Sívertsenshúsið, Beggubúð
3
Linnetsstigur
Fjarðargata
Hafnarborg
Lækjargata
Hafen
Strandgata
Öldugata
Selvogsgata
5
1
B
Good Templars Hall
Reykjanesbraut
Suðurgata
Hringbraut
Hvaleyrarbraut
Friedhof
Suðurbrautt
Strandgata
Hvammabraut
Reykjanesbraut
400 m

HAFNARFJÖRÐUR UND DIE HALBINSEL REYKJANES

1 HAFNARFJÖRÐUR SEHENSWERTES UND ADRESSEN

A HELLISGERÐI

Hellisgata | Eintritt frei

Der Garten der Elfen! Mosaike aus Vulkangestein, knorrige Wurzeln, smaragdgrünes Moos, bunte Flechten, geheimnisvolle Minigrotten – der kleine Park ist eine wahre Märchenkulisse. *(Bild)*

B HAFNARFJÖRÐUR MUSEUM

Sept.–Mai Mo–Fr geschl.

Sechs Museen in einem, die über den Ort verstreut sind und jeweils einen Teil der isländischen Vergangenheit beleuchten: Stadtgeschichte, Gesundheitswesen, Fischereialltag, Spielzeug aus früherer Zeit etc. Die einzelnen Adressen: **Pakkhúsid** und **Beggubúd** (Vesturgata 8); **The Sívertsen's House** (Vesturgata 6); **Bookless Bungalow** (Vesturgata 32); **Siggubaer** (Kirkjuvegur 10); **The Good Templars Hall** (Suðurgata 6).

C FÜHRUNGEN

Strandgata 6 | Sa, So geschl.

Entdecken Sie Hafnarfjörðurs geheimnisvolle Welt: Ein Themenplan ist bei der Tourist-Info im Rathaus erhältlich. Geführte Touren: Di und Do 14.30 Uhr (im Sommer).

1 PALLETT KAFFI

»Die Vintage-Dekoration und der nordische Afternoon Tea haben es mir wirklich angetan. Hausgemachte *clotted cream*!«

Strandgata 75 | Mi–Do 8–23, Fr 8–18, Sa 10–18, So 11–23 Uhr

2 NORÐURBAKKI

- Liebenswertes Café mit Buchhandlung und Retro-Dekoration.
- Sandwiches, Quiches, hausgemachte Kuchen.

Norðurbakki 1 | Mo–Fr 9–22, Sa, So 9–18 Uhr

3 TILVERAN

- Delikater Fisch und Meeresfrüchte in unmittelbarer Nähe des Hafens.
- Raffinierte Küche, großzügige Portionen.

Linnetsstígur 1 | Mo–Sa 11.30–14, 18–21, Sa bis 22 Uhr

4 A. HANSEN

- Restaurant und Bar mit warmer Atmosphäre in einem Haus aus dem 19. Jh.
- Isländische Rezepte und vorzügliche Fleischspeisen.

Vesturgata 3a | Küche tgl. 18–22 Uhr

5 VON MATHÚS & BAR

- Gehobene isländische Küche, moderate Preise.
- Auch außergewöhnliche Gerichte wie Lammtatar oder Kabeljau mit Fenchel.

Strandgata 75 | Di–Fr 11.30–21, Sa 16–21 Uhr

 Die jeweiligen Öffnungszeiten finden Sie im Register ab S. 186.

TOUR
1

HAFNARFJÖRÐUR UND DIE HALBINSEL REYKJANES

2 DIE HALBINSEL REYKJANES

Die Halbinsel Reykjanes liegt an der Schnittstelle zweier tektonischer Platten und wartet mit einer Vielzahl an vulkanischen und geothermischen Sehenswürdigkeiten auf. Ein Besuch der Blue Lagoon bildet den krönenden Abschluss.

- **Auto erforderlich**
- **Lediglich die Blue Lagoon ist über die Busse der Reiseveranstalter mit Reykjavík und dem Flughafen verbunden (Travel Island, Reykjavik Excursions, Gray Line Iceland, Extreme Iceland etc.).**

HIGHLIGHTS

- A Seltún
- B Kleifarvatn
- C Krýsuvíkurberg
- D Brú Milli Heimsálfa
- E Blue Lagoon

ADRESSEN

1. Blue Café
2. Lava Restaurant
3. Hjá Höllu
4. Vitinn

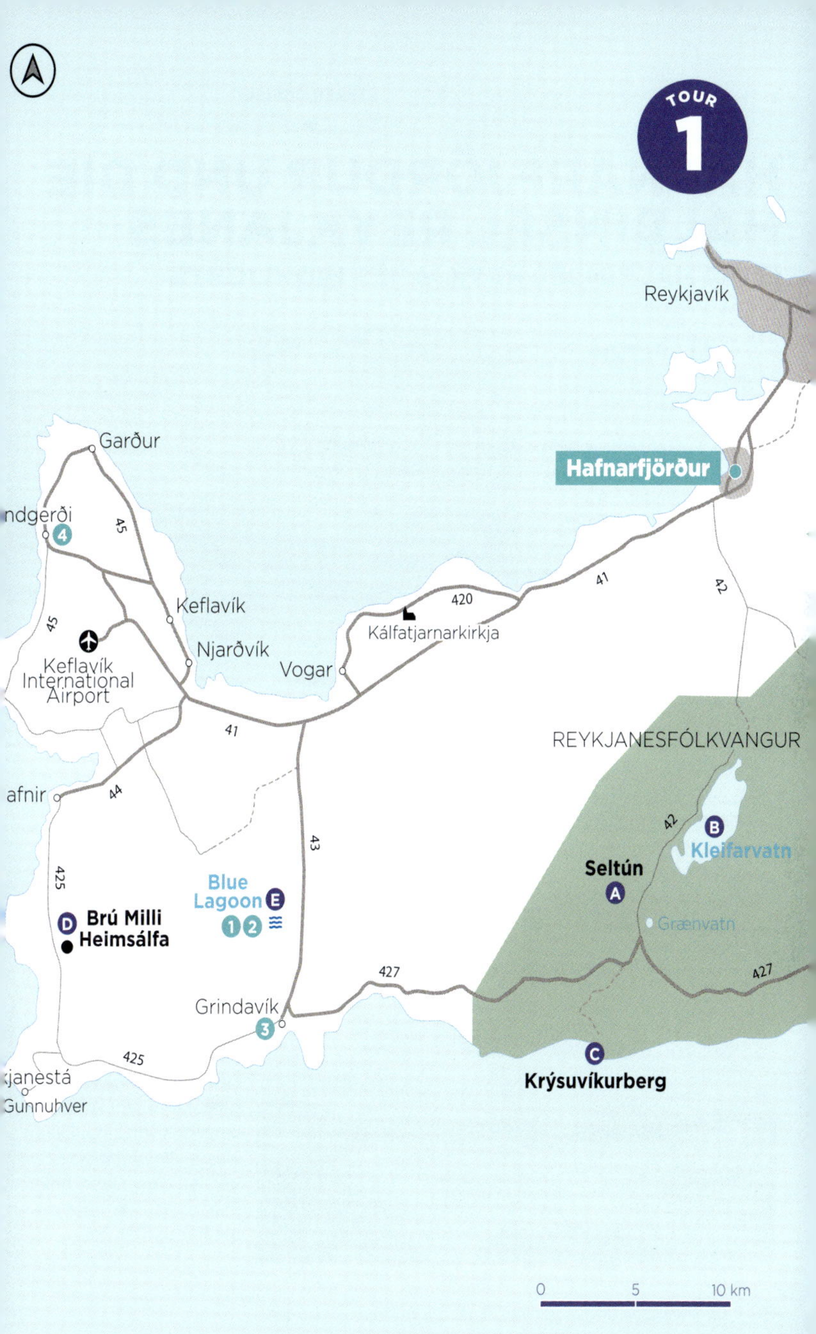

TOUR 1
Reykjavík
Hafnarfjörður
Garður
ndgerði
4
45
Keflavík
Njarðvík
Keflavík International Airport
Vogar
420
Kálfatjarnarkirkja
41
42
REYKJANESFÓLKVANGUR
afnir
44
43
425
B
Kleifarvatn
Seltún
A
Blue Lagoon
E
1
2
D
Brú Milli Heimsálfa
Grænvatn
427
Grindavík
3
C
Krýsuvíkurberg
janestá
Gunnuhver
0
5
10 km

HAFNARFJÖRÐUR UND DIE HALBINSEL REYKJANES

2 DIE HALBINSEL REYKJANES HIGHLIGHTS

A SELTÚN

Dieses **Solfatarengebiet** bietet eine ganze Palette verschiedenster Farben. Stege führen über Quellen, Krater und Schlammlöcher, alles brodelt und dampft. Schöne Aussicht vom Gipfel des Hügels.

B KLEIFARVATN

Inmitten von Lavaströmen erstreckt sich dieser von schwarzem Sand gesäumte **See**, der Spaziergänger und Angler anzieht. In seinen Tiefen soll ein Seeungeheuer wohnen.

C KRÝSUVÍKURBERG

Am Ende einer Schotterstraße erheben sich auf 15 km Länge mächtige **Klippen**, die einen Bogen bilden – tiefe Blicke auf die tosenden Wellen und das Ballett der Vögel.

D BRÚ MILLI HEIMSÁLFA

Eine **Brücke** überspannt eine sandige Schlucht. In ihrer Mitte befindet man sich offiziell zwischen zwei Kontinenten: der eurasischen und der amerikanischen Erdplatte.

E BLUE LAGOON

Eintritt | Réserver

Eine große **Lagune** mit türkisfarbenem Wasser, umgeben von einer Lavawüste: die isländische Version einer Oase. Teuer und touristisch, aber ein paradiesischer Ort.

 Die jeweiligen Öffnungszeiten finden Sie im Register ab S. 186.

HAFNARFJÖRÐUR UND DIE HALBINSEL REYKJANES

2 DIE HALBINSEL REYKJANES ADRESSEN

1 BLUE CAFÉ

- Man nimmt vor riesigen Fensterfronten Platz und genießt den Blick auf die Blue Lagoon.
- Gute Auswahl an Sandwiches, Salaten und Sushi mit isländischem Fisch.

Blue Lagoon | tgl. 8–1 Uhr

2 LAVA RESTAURANT

- Idealer Ausklang nach einem Wellnesstag.
- Aussicht auf die Lagune.
- Kreative Küche: Lamm mit Datteln oder Saibling mit Wacholder.

Blue Lagoon | tgl. 11.30–21 Uhr (Bild)

3 HJÁ HÖLLU

- Serviert wird ein einfaches, aber schmackhaftes Menü, das jeden Tag neu zusammengestellt wird.
- Bei Bedarf gibt es Lunchpakete zum Mitnehmen.

Grindavík, Vikurbraut 62 | Mo–Fr 8–17, Sa 11–17 Uhr

4 VITINN

- Maritime Einrichtung.
- Das Restaurant ist berühmt für seine Krabben- und Seespinnensuppe.
- Originelle Fischgerichte.

Sandgerði, Vitatorg 7 | Mo–Sa 11.30–14, 18–21 Uhr

VON HAFNARFJÖRÐUR ZUM FLUGHAFEN KEFLAVÍK

- **Auto: der einzige direkte Weg**
- **Planen Sie einen ausreichenden Zeitpuffer ein, um Ihr Auto vor dem Abflug abzugeben.**
- **Bus: Strætó, Linie 44, dann 55 (etwas umständlich)**

- **Gut zu wissen: Die meisten Flüge starten spät abends (1 Uhr) oder am Vormittag (6–12 Uhr).**
- **Bei frühen Flügen können Sie Ihr Auto am Vorabend abgeben und den kostenlosen 24-Std.-Shuttleservice einiger Hotels in der Nähe des Flughafens in Anspruch nehmen. So müssen Sie Ihr Auto nicht früh am Morgen zurückgeben.**

TOUR 1

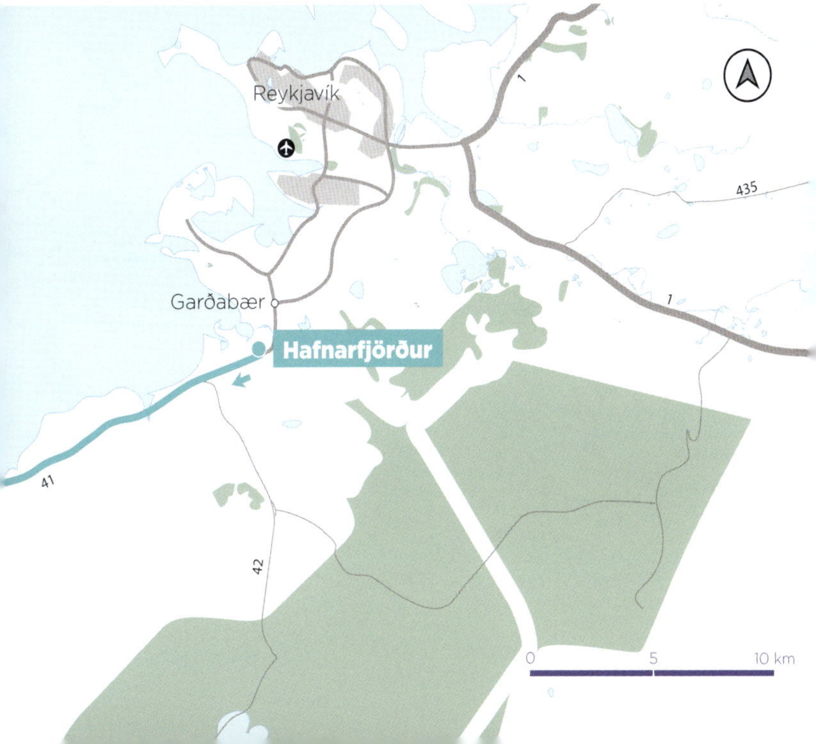

REYKJAVÍK — HELLA — VÍK — SKAFTA-FELL — HÖFN — EGILS-STAÐIR — MÝVATN — AKUREYRI — KEFLAVÍK

DIE HIGHLIGHTS AUF ISLANDS RINGSTRASSE

Zwei Streckenvarianten, wobei der erste Abschnitt identisch ist.

• Variante 1 – Reisedauer 8 bis 10 Tage:
Reykjavík und die Südküste, in Skaftafell wird die Rückfahrt angetreten – der Klassiker für eine erste Reise nach Island!

• Variante 2 – Reisedauer 15 bis 18 Tage:
Große Rundreise mit Rückflug von Akureyri nach Reykjavík – ein umfassenderes Bild des Landes für all jene, die mehr Zeit mitbringen.

Mit Ausnahme von Landmannalaugar und Laki ist diese Route mit einem normalen Pkw befahrbar.

TOUR 2

1 Reykjavík

Die nördlichste Hauptstadt der Welt
1 Tag

2 Hella

Zwischen Golden Circle und Landmannalaugar
1 Tag

3 Vík

Die Magie der vulkanischen Strände
1–2 Tage

4 Skaftafell

Mythischer Gletscher, glitzernde Eisberge
2 Tage

Ende der Variante 1

Rückfahrt über die Halbinsel Reykjanes
1–2 Tage

5 Höfn

Hauptstadt des Hummers
1 Tag

6 Egilsstaðir

Tor zu den Ostfjorden
2–3 Tage

7 Mývatn

Die Mondlandschaften des Nordens
2–3 Tage

8 Akureyri

Stadtleben im Herzen der Wildnis
2–3 Tage

ETAPPE 1 REYKJAVÍK

Eine lebhafte Hauptstadt mit einer Mischung aus bunten Häuschen, Folkloremuseen, Kunstgalerien und Street-Art-Wandbildern. Um Reykjavík wie ein Isländer zu erleben, stoßen Sie am Abend mit einem Glas an!

Vom Flughafen ins Zentrum:

- **Bus: Flybus, Gray Line Iceland oder Strætó, Linie 55 (längere Strecke)**
- **Auto: 45 Min. (Route 41)**
- **Taxi: ca. 15 000–20 000 ISK**

Unterwegs:

- **Zu Fuß: Ein Spaziergang ist die beste Art, die Stadt zu erkunden.**
- **Bus: sehr gutes Busnetz, betrieben von Strætó**
- **Parken: im Zentrum kostenpflichtig (Parkscheinautomaten)**

HIGHLIGHTS

- A Altstadt
- B Tjörnin
- C Nationalmuseum
- D Hafen
- E Harpa
- F Sólfar
- G Hallgrímskirkja

MITTAGSPAUSE

1. Bæjarins Beztu Pylsur
2. Sandholt
3. Sægreifinn
4. Café Loki

RESTAURANTS

5. Matur og Drykkur
6. Kopar
7. Ostabúðin
8. Grillmarkaðurinn
9. Snaps
10. Dill

AUSGEHEN

11. Kaffibarinn
12. Micro Bar
13. Dillon
14. Slippbarinn
15. Lebowski Bar

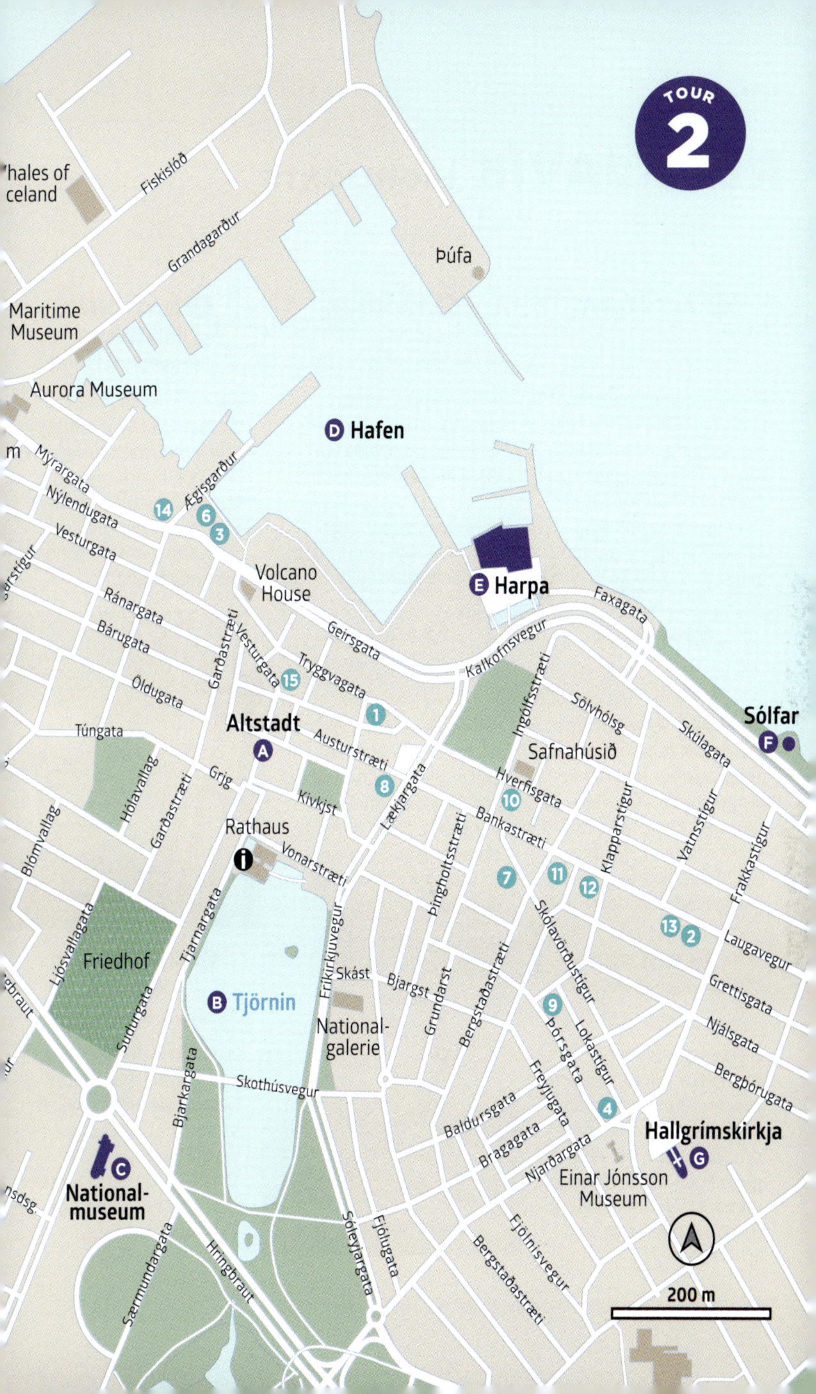

TOUR 2
'hales of
celand
Fiskislóð
Grandagarður
Þúfa
Maritime
Museum
Aurora Museum
D Hafen
m
Mýrargata
Nýlendugata
Vesturgata
Ægisgarður
14
6
3
Volcano
House
E Harpa
Faxagata
Ránargata
Bárugata
Garðastræti
Vesturgata
Geirsgata
Kalkofnsvegur
Tryggvagata
15
Öldugata
Ingólfsstræti
Sölvhólsg
1
Altstadt
Sólfar
F
Túngata
A
Austurstræti
Skúlagata
Safnahúsið
Grjg
8
Hverfisgata
Hólavallag
Garðastræti
Kivkjst
Lækjargata
10
Bankastræti
Rathaus
Vatnsstígur
Klapparstígur
Frakkastígur
Blómvallag
Vonarstræti
Þingholtsstræti
7
11
12
Tjarnargata
Fríkirkjuvegur
13
2
Laugavegur
Ljósvallagata
Friedhof
Skólavörðustígur
Skást
Bjargst
Grettisgata
Grundarst
Bergstaðastræti
B Tjörnin
9
Sudurgata
National-
galerie
Njálsgata
Þórsgata
Lokastígur
Bergþórugata
Freyjugata
Bjarkargata
Skothúsvegur
Baldursgata
4
Hallgrímskirkja
Bragagata
Njarðargata
C
G
National-
museum
Einar Jónsson
Museum
Sæmundargata
Hringbraut
Sóleyjargata
Fjólugata
Fjölnisvegur
Bergstaðastræti
200 m

REYKJAVÍK HIGHLIGHTS

A ALTSTADT

Zwischen dem Parlament und dem alten Hafen reihen sich alte Handelskontore aneinander, und auch die Grundmauern eines Wikingerhofs aus dem Jahr 930 (The Settlement Exhibition) sind zu sehen.

B TJÖRNIN

Seinen Spitznamen »größte Brotsuppe der Welt« hat der **See** von den Einwohnern, die treu die vielen Vögel füttern. Im Winter zugefroren, eignet er sich wunderbar zum Schlittschuhlaufen.

C NATIONALMUSEUM

Suðurgata 41 | Eintritt

Ein Tipp für all jene, die die isländische Identität und ihre Entwicklung von den Wikingern bis heute besser verstehen wollen. Eine außergewöhnliche Sammlung in sehr schöner Umgebung.

D HAFEN

Die alten Fischerhütten wurden in bunten Farben neu gestaltet und beherbergen nun Cafés, Restaurants, Geschäfte und Ausstellungen, die dem Fischfang, den Sagas oder den Walen gewidmet sind.

E HARPA

Austurbakka | Eintritt frei

Inspiriert von den Basaltsäulen der Insel, reflektiert dieser gigantische Eisberg aus Glas die Silhouette der Stadt. Noch beeindruckender ist er von innen. Es finden Konzerte, Opern und Aufführungen statt.

F SÓLFAR

Sæbraut | Eintritt frei

Die zeitgenössische **Skulptur** »Sonnenfahrt« von Jón Gunnar Árnason (1990) ist von Wikingerschiffen inspiriert und glitzert an der Strandpromenade. Wunderschön in der Abenddämmerung!

G HALLGRÍMSKIRKJA

Skólavörðustígur | Eintritt frei

Die **Kathedrale** im Stil des Brutalismus, deren Gestalt die vielen Basaltsäulen im Land aufgreift, wurde 1948 geweiht. Vom Glockenturm bietet sich eine herrliche Aussicht auf die Stadt.

 Die jeweiligen Öffnungszeiten finden Sie im Register ab S. 186.

TOUR 2

REYKJAVÍK MITTAGSPAUSE

1 BÆJARINS BEZTU PYLSUR

»Die Hotdogs haben es zu Weltruhm gebracht: Bill Clinton ist ein Fan davon! Fragen Sie nach *eina með öllu* mit Röstzwiebeln und Remoulade.«

Tryggvagata 1 | So–Do 10–1, Fr, Sa 10–2 Uhr

2 SANDHOLT

- Konditoreibetrieb in der vierten Generation.
- Süße Leckereien und große Sandwiches.
- Zum vor Ort genießen oder zum Mitnehmen.

Laugavegur 36 | tgl. 7.30–18 Uhr

3 SÆGREIFINN

»Dieses Restaurant am Hafen wurde von einem ehemaligen Fischer, dem sogenannten »Baron des Meeres«, eröffnet und serviert die beste Hummersuppe der Stadt.«

Geirsgata 8 | tgl. 11.30–22 Uhr

4 CAFÉ LOKI

- Hier werden eher traditionelle Gerichte serviert.
- Fleischplatten und geräucherter Fisch.
- Die Spezialität des Hauses: Roggenbrot-Eis mit Rhabarbersirup!

Lokastígur 28 | tgl. 9–22 Uhr

REYKJAVÍK RESTAURANTS

5 MATUR OG DRYKKUR

»In einer einstigen Pökelfabrik lassen sich isländische Rezepte vergangener Zeiten entdecken.«

Grandagarður 2 | Do–So 18–23 Uhr | Reserv. empf., www.maturogdrykkur.is oder ✆ 571 8877

6 KOPAR

- Auf den Tisch kommen isländische Rezepte, gewürzt mit einem Hauch von Fantasie.
- Schöne Aussicht auf das Meer und den Hafen.

Geirsgata 3 | Mo 17–21, Di–So 11.30–15, 17–21 Uhr

7 OSTABÚÐIN

- Gemischte Platten zum Teilen (Käse, Wurst).
- Unbedingt probieren: die isländische Gans!
- Halb Restaurant und halb Feinkostladen.

Skólavörðustígur 8 | Mo–Fr 9–15 Uhr

8 GRILLMARKAÐURINN

- Die schicke Gastro-Version des Grillrestaurants.
- Skandinavische Küche.
- Fleisch und Fisch, z. B. Lammrücken oder Entenconfit, kühn zubereitet.

Lækjargata 2a | So–Do 18–22.30, Fr, Sa 18–23 Uhr

9 SNAPS BISTRO-BAR

- Französische Gerichte, die mit isländischen Zutaten kombiniert werden.
- Gute Weinkarte.
- Erstklassiger Service, am Wochenende Brunch.

Þórsgata 1 | Mo–Do 11.30–23, Fr, Sa bis 24 Uhr

10 DILL

»Islands erstes Gourmetrestaurant, ein wahres Fest für die Sinne. Preise auf der Höhe der Zeit.«

Hverfisgata 12 | Di–Sa 18–22 Uhr | Reserv. erforderlich, www.dillrestaurant.is, ✆ 555-1522

REYKJAVÍK AUSGEHEN

11 KAFFIBARINN

- Mehrere kleine Salons folgen aufeinander.
- Tagsüber ein Café, in den Nachtstunden ein Club.
- Elektro, House, Indie und am Wochenende DJs.

Bergstaðastræti 1 | So–Do 15–1, Fr, Sa 15–4 Uhr

12 MICRO BAR

- Die originelle Bar befindet sich im Untergeschoss des Restaurants Reykjavík.
- Schöne Auswahl an in Island gebrauten Bieren.
- Happy Hour 15–19 Uhr.

Vesturgata 2 | So–Do 12–24, Fr, Sa 12–1 Uhr

13 DILLON

- Whisky-Bar mit einer großen Auswahl, darunter findet sich sogar eine isländische Marke.
- Rockkonzerte und DJs am Wochenende.
- Mit kleinem Garten.

Laugavegur 30 | tgl. 16–1 Uhr

14 SLIPPBARINN

- Gemütliche Bar im Kellergeschoss.
- Jazz am Mittwoch, DJ samstags und sonntags.
- Probieren Sie den hausgemachten Birkenlikör.

Mýrargata 2 | tgl. 7–10, 15–23 Uhr

15 LEBOWSKI BAR

»Die Deko ist vom Film *The Big Lebowski* der Coen-Brüder inspiriert: Diner der 1950er-Jahre mit Jukebox – und 16 White-Russian-Rezepte!«

Laugavegur 20a | tgl. 11–23, Happy hour tgl. 16–19 Uhr

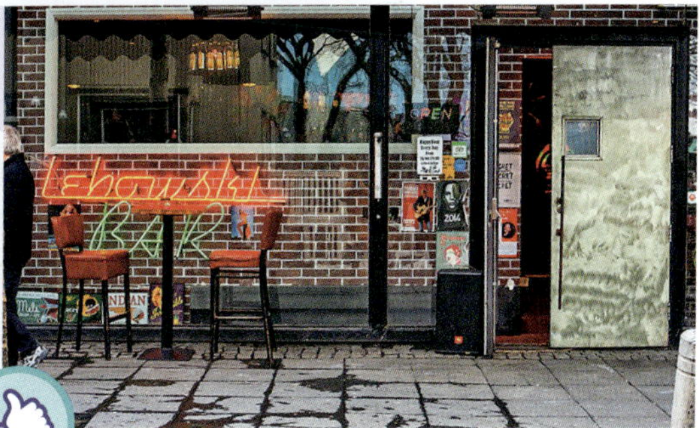

AUSFLUG (DREI TAGE) VON REYKJAVÍK

HALBINSEL SNÆFELLSNES

Helle oder schwarze Sandstrände, von Basaltskulpturen gesäumte Buchten, märchenhafte Naturreservate, die von einem majestätischen Vulkan beherrscht werden: die Quintessenz Islands!

- **Mit Ausnahme der F 570, die zum Fuß des Vulkans führt, sind alle Straßen auf diesem Ausflug mit dem Pkw befahrbar.**
- **Die Strecke ist nur mit dem Auto zu bewältigen (kein Busnetz).**

ETAPPEN

Tag 1: Reykjavík–Arnarstapi (Unterkunft in Arnarstapi empfohlen)

Tag 2: der Norden von Snæfellsnes (Unterkunft in Grundarfjörður empfohlen)

Tag 3: Rückfahrt nach Reykjavík über Reykholt

TOUR
2
Krosslang
Brjánslækur
Saurbaer
Reykhólar
60
Flatey
590
60
Breidafjörður
Klofningur
Ásgarður
Borðeyri
590
Harastaðir
Búðardalur
Stykkishólmur
Hvammsfjörður
58
54
Bjarnarhöfn
Grundarfjörður
Kirkjufell
sandur
Rif
Ólafsvík
HALBINSEL
SNÆFELLSNES
fellsjökull-
ionalpark
F570
56
54
60
1
54
æfellsjökull
Búðir
Ytri-Tunga
Arnarstapi
574
Malarrif
Hellnar
Hraunfossar
Krauma
Reykholt
50
54
Borgarnes
Hvanneyri
52
1
50
Borgarfjörður
47
Grundartangi
Akranes
51
Hvalfjörður
Þingvellir
1
36
Þingvallavatn
Reykjavík
Keflavík
International
Airport
Keflavík
41
1
Hveragerði
425
20
40 km

AUSFLUG (DREI TAGE) VON REYKJAVÍK

ERSTER TAG DER SÜDEN VON SNÆFELLSNES

- **225 km (durch den 5,7 km langen kostenlosen Hvalfjörður-Tunnel)**
- **267 km (vollständige Strecke um den Fjord herum über die Route 47)**

YTRI-TUNGA

Einer der wenigen hellen **Sandstrände** Islands. Im Sommer tummeln sich hier zahlreiche Kegelrobben und sonnen sich auf den Felsbänken – nur wenige Meter von den Spaziergängern entfernt.

BÚÐIR

Die einzige Erinnerung an das Fischerdorf, das im 18. Jh. von einem Sturm verwüstet wurde, ist eine Kirche aus schwarzem Holz, die inmitten eines Lavafeldes steht, das von Elfen bewohnt sein soll.

SNÆFELLSJÖKULL-NATIONALPARK

Der Park umfasst die Spitze der Halbinsel (170 km^2). Im Sommer wird von den Rangern des **Gestastofa Visitor Centre** in Malarif eine kostenlose geführte Wanderung angeboten (Abfahrt 13 Uhr).

DJÚPALÓNSSANDUR

Nationalpark

Eine imposante Bucht, gesäumt von bizarren Felsen, die an versteinerte Trolle zu erinnern scheinen. Hier gibt es keinen Sand, sondern Lavaperlen, die von den Wellen zu Kieselsteinen geformt wurden.

SNÆFELLSJÖKULL

Nationalpark

Dieser mysteriöse **Vulkan** (1446 m) gilt als »König der isländischen Berge«. Jules Verne hatte ihn zum Ausgangspunkt seines Romans *Reise zum Mittelpunkt der Erde* erkoren. Für die Erkundung des Gletschers ist eine organisierte Tour erforderlich. Sie haben die Wahl zwischen einer Wanderung mit der umweltbewussten Agentur **GoWest** oder einer Fahrt mit dem schneegängigen Raupenfahrzeug von **Snæfellsnes Excursions**.

SAMKOMUHÚSIÐ

- All-you-can-eat-Suppe, gutes isländisches Essen, Rhabarberkuchen und exzellentes Fischpüree.
- Ein gemütlicher Ort.

Arnarstapi, Félagsheimilið Snæfell | Mo–Sa 12–18 Uhr

TOUR
2
Krosslang
Saurbaer
Brjánslækur
Reykhólar
Flatey
Breidafjörður
Klofningur
Ásgarður
Borðeyri
Harastaðir
Búðardalur
Stykkishólmur
Hvammsfjörður
Bjarnarhöfn
Kirkjufell
Rif
Ólafsvík
Grundarfjörður
Búðir
Arnarstapi
Ytri-Tunga
Hellnar
Malarrif
Hraunfossar
Krauma
Reykholt
Borgarnes
Hvanneyri
Borgarfjörður
Grundartangi
Akranes
Hvalfjörður
Þingvellir
Þingvallavatn
Reykjavík
Keflavík
Keflavík International Airport
Hveragerði
20
40 km

ZWEITER TAG DER NORDEN VON SNÆFELLSNES

- **104 km**
- **Zahlreiche Wanderwege führen durch den Nationalpark und die Umgebung.**

SKARÐSVÍK

Nationalpark

Die Lavafelder öffnen sich hier zu einem orangefarbenen Sandstrand. Die Isländer verleihen diesem Ort einen Hauch von Riviera und genießen im Sommer die Sonne entlang der kleinen Klippen.

ÖNDVERÐARNES

Nationalpark

Im Nordwesten der Halbinsel führt eine Schotterstraße bis nach **Hvalrauf**. Links erhebt sich der fotogene orangefarbene Leuchtturm von **Skálasnagi**. Von den Klippen hat man einen Blick auf einen natürlichen Torbogen und vielleicht auch auf Wale, die im Sommer an der Küste vorbeiziehen. Im Norden endet der Weg am kleinen Leuchtturm **Öndverðarnes**. In der Nähe können Neugierige die Reste eines alten Wikingerbrunnens begutachten.

KIRKJUFELLSFOSS

Dieser **Wasserfall**, der sich mit drei Kaskaden in den Strand ergießt, ist einer der beliebtesten Spots für Fotoshootings in Island. Der Grund? Der Berg Kirkjufell bildet den perfekten Hintergrund.

GRUNDARFJÖRÐUR

Über dem **Fischerdorf** wacht die imposante dreieckige Silhouette des spitzen Bergs Kirkjufell (»Kirchenberg«) – ein Lieblingsmotiv in den Reisebroschüren zu den Schönheiten Islands.

BJARGARSTEINN

»Die Aussicht auf die Bucht und den Kirkjufell ist ebenso hinreißend wie die raffinierten Gerichte des Küchenchefs.«

Grundarfjörður, Sólvellir 15 | tgl. 16–23 Uhr, im Winter eingeschränkt

TOUR 2
Krosslang
Brjánslækur
Saurbaer
Reykhólar
Flatey
Breidafjörður
Klofningur
Ásgarður
Borðeyri
Harastaðir
Búðardalur
Stykkishólmur
Hvammsfjörður
Bjarnarhöfn
Kirkjufellsfoss
Kirkjufell
Grundarfjörður
Berserkjahraun
Rif
Ólafsvík
Skálasnagi
Búðir
Ytri-Tunga
Arnarstapi
Hellnar
Malarrif
Hraunfossar
Krauma
Reykholt
Borgarnes
Hvanneyri
Borgarfjörður
Grundartangi
Akranes
Hvalfjörður
Þingvellir
Reykjavík
Þingvallavatn
Keflavík
Keflavík International Airport
Hveragerði
20
40 km

AUSFLUG (DREI TAGE) VON REYKJAVÍK

DRITTER TAG ZURÜCK NACH REYKJAVÍK ÜBER REYKHOLT

- **306 km (direkte Strecke über Borgarnes 177 km)**

SHARK MUSEUM

Bjarnarhöfn | Eintritt

Ein Schuppen voller Objekte zum **Haifischfang**. Hier können Sie miterleben, wie *hakarl*, das intensiv riechende, fermentierte Haifischfleisch, das zum Nationalgericht geworden ist, zubereitet wird.

BERSERKJAHRAUN

Das **Lavafeld**, wird von einer Kiesstraße durchquert, die mit einem Pkw befahrbar ist. Die märchenhaften, moosbedeckten Formen erheben sich vor dem Hintergrund von Hügeln und Kratern.

REYKHOLT

Hier lebte Snorri Sturluson, der Autor der *Egils saga*, in einem kleinen Dorf. Im Museum, das dem Schriftsteller gewidmet ist, werden Sie in die Hintergründe seines Werkes eingeweiht.

KRAUMA

Reykholt | Eintritt

Die *hot pots* werden von der stärksten geothermischen Quelle der Insel gespeist und hätten 100 °C! Keine Sorge: Das **Spa** fügt Gletscherwasser hinzu, um die Idealtemperatur zu erzielen.

HRAUNFOSSAR

Eine kleine **Quelle** fließt durch die grasbewachsenen Lavafelder. Sie bildet unzählige kleine, bezaubernde Wasserfälle, um sich dann in die Stromschnellen des Flusses Hvitá zu ergießen.

HVERINN

- Hier kann man Suppen und Sandwiches bestellen.
- Und es gibt Gemüse, das in geothermischen Gewächshäusern gereift ist.

Kleppjárnsreykir, Borgarfjarðarbraut | tgl. 10.30–21 Uhr

TOUR 2
Krosslang
Brjánslækur
Saurbaer
Reykhólar
Flatey
Breidafjörður
Klofningur
Ásgarður
Borðeyri
Harastaðir
Búðardalur
Stykkishólmur
Hvammsfjörður
Bjarnarhöfn
Shark Museum
Berserkjahraun
Kirkjufell
Rif
Ólafsvík
Grundarfjörður
Kirkjufellsfoss
Búðir
Snæfellsjökull
Ytri-Tunga
Arnarstapi
Hellnar
Hraunfossar
Krauma
Reykholt
Borgarnes
Hvanneyri
Borgarfjörður
Grundartangi
Akranes
Hvalfjörður
Þingvellir
Þingvallavatn
Reykjavík
Keflavík
Keflavík International Airport
Hveragerði
20
40 km

GOLDEN CIRCLE: VON REYKJAVÍK NACH HELLA

Majestätische Wasserfälle, Geysire, heiße Quellen inmitten der Natur, geologische Sehenswürdigkeiten und ein Eintauchen in die Wurzeln der isländischen Zivilisation.

INFOS & ADRESSEN

- **Länge:** 202 km
- **Auto:** Die Straßen sind das ganze Jahr über mit dem Pkw befahrbar.
- **Bus:** In voller Länge nicht möglich, da die weit auseinanderliegenden Sehenswürdigkeiten nicht durch das Busnetz miteinander verbunden sind. Nur Geysir und Gullfoss werden im Sommer von Reykjavik Excursions bedient (Linie 610).
- **Reiseveranstalter:** Es besteht auch die Möglichkeit, den Golden Circle als Tagesausflug von Reykjavík aus zu buchen. Es gibt zahlreiche Anbieter, u.a.

Reykjavik Excursions www.re.is
Sterna Travel www.sternatravel.com
Gray Line Iceland www.grayline.is

- **Annähernd gleiche Strecke wie in Tour 1 (S. 72). Schlagen Sie für Details zu Besichtigungen, Aktivitäten und Adressen bitte dort nach.**
- **Nur das Etappenziel unterscheidet sich: Hella statt Selfoss.**

HIGHLIGHTS

- A Þingvellir
- B Þingvallavatn
- C Zwischen zwei Kontinenten tauchen
- D Geysir
- E Gullfoss
- F Secret Lagoon

ADRESSEN

1. Fontana Café
2. Efstidalur II
3. Farmer's Bistro
4. Friðheimar

TOUR 2
Langjökull
Grundartangi
nes
Gullfoss
Geysir
Bláskógabyggð
Þingvellir
Laugarvatn
Reykholt
ykjavík
Mosfellsbaer
Þingvallavatn
Flúðir
Secret Lagoon
Skálholt
Sólheimar
Hafnarfjörður
Hveragerði
BINSEL
KJANES
Selfoss
Eyrarbakki
Stokkseyri
Hella
Hvolsvöllur
Þykkvibær
1
36
365
37
35
359
30
31
32
39
26
A
B
C
D
E
F
2
3
4
10
20 km

ETAPPE 2 HELLA UND LANDMANNALAUGAR

Vor der Kulisse der imposanten Silhouette des Vulkans Hekla ist Hella der ideale Ausgangspunkt, um Landmannalaugar, die Vestmannaeyjar-Inseln oder das Tal Þjórsárdalur zu erobern.

- **Reykjavík–Hella:**
  Strætó, Linie 51, 52
  Sterna Travel (Sommer), Linie 12, 13
  Reykjavik Excursions (Sommer), Linie 9, 11, 21
- **Busanbindung nach Landmannalaugar, zur Erkundung der Region ist ein Auto erforderlich.**

HIGHLIGHTS

1 Hella und Umgebung

2 Landmannalaugar

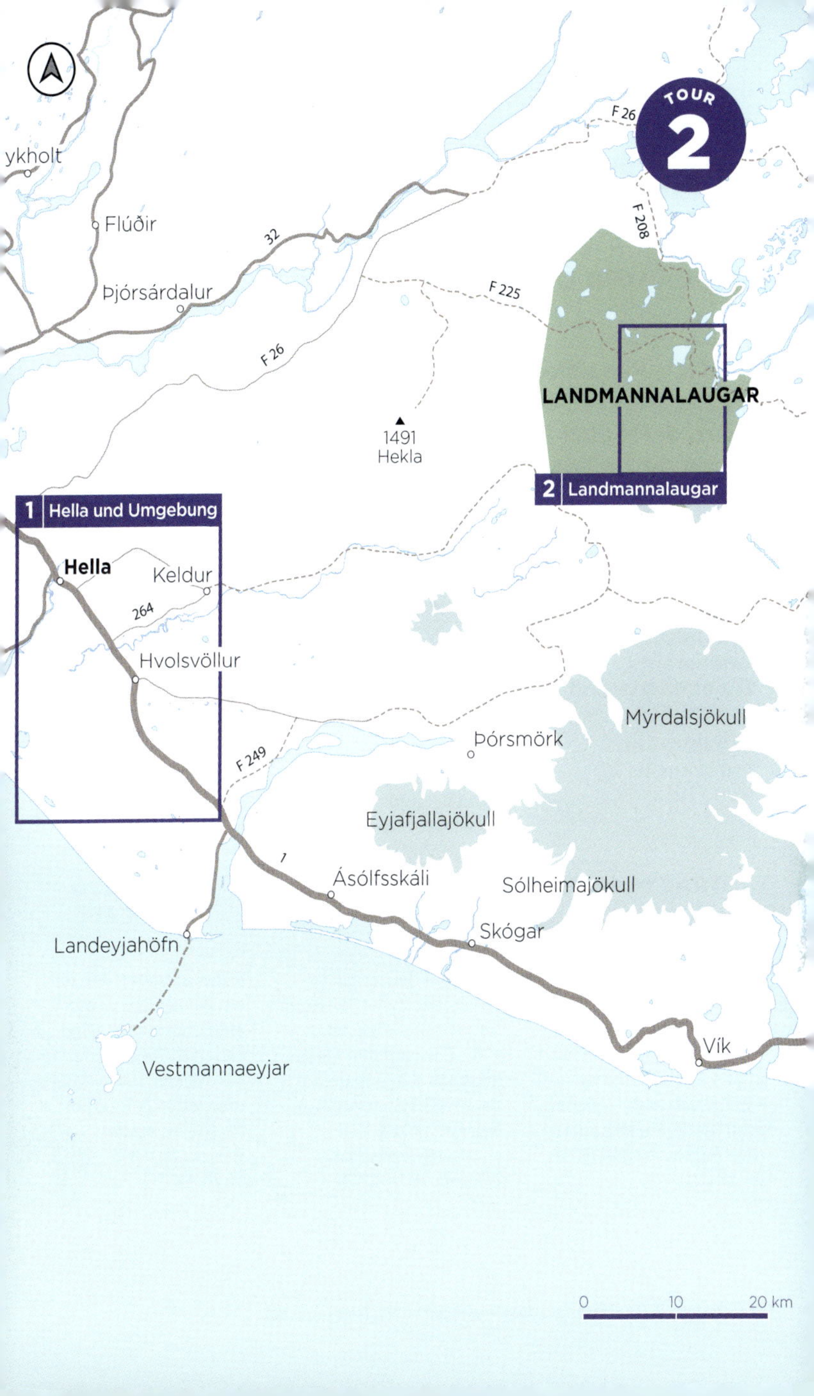
TOUR
2
ykholt
Flúðir
32
Þjórsárdalur
F 26
F 225
F 208
LANDMANNALAUGAR
1491
Hekla
2 Landmannalaugar
1 Hella und Umgebung
Hella
Keldur
264
Hvolsvöllur
F 249
Þórsmörk
Mýrdalsjökull
Eyjafjallajökull
1
Ásólfsskáli
Sólheimajökull
Skógar
Landeyjahöfn
Vestmannaeyjar
Vík
0
10
20 km

HELLA UND LANDMANNALAUGAR

1 HELLA UND UMGEBUNG

Mit einer guten Infrastruktur ausgestattet, ist Hella ein wichtiger Zwischenstopp an der Südküste. Es gibt keine Sehenswürdigkeiten vor Ort, dafür aber ein interessantes Sagamuseum in Hvolsvöllur und den sehr schönen Torfbauernhof in Keldur.

- **In Hella und Umgebung finden sich zahlreiche Unterkünfte, Restaurants, Supermärkte und Tankstellen.**
- **Tourist-Info: Þrúðvangur 21 (am Fluss)**

SAGA CENTRE

Hvolsvöllur | Winter Mo–Do geschl. | Eintritt

Hier erfährt man z. B. alles Wissenswerte über die *Saga von Njáll* aus dem 13. Jh. Eine schöne Idee des **Museums**: die Geschichte auf 90 m zu sticken. Jeder Besucher kann mit der Nadel selbst mitarbeiten.

KELDUR TURF HOUSE

Sept.–Mai geschl. | Eintritt

Das älteste Bauernhaus des Landes. In diesen Gebäuden mit Torfdächern lebte im 12. Jh. der mächtigste Clan Islands. So gibt es auch einen Tunnel, der wohl als Fluchtmöglichkeit dienen sollte.

1 STRACTA BISTRO

- Suppen, Lachs- und Lammgerichte – alles mit viel Finesse zubereitet.
- All-you-can-eat-Büfett in den Abendstunden.
- Man kann auch Lunchpakete für die Reise kaufen.

Hotel Stracta, Rangárflatir 4 | tgl. 12–22 Uhr

2 HOTEL RANGA

- Ein praktischer gastronomischer Zwischenstopp für jeden Geldbeutel.
- Mit Blick auf den Fluss Rangá und den majestätischen Gletschervulkan Eyjafjallajökull.

Gamli Suðurlandsvegur | tgl. 12–15, 18.30–22 Uhr

3 ELDSTÓ ART CAFE

»Drei Adressen in einer: ein gemütliches Café, eine Chocolaterie und ein Geschäft für isländische Keramiken. Hier verliert man jedes Zeitgefühl …«

Hvolsvöllur, Austurvegur 2 | Do–So 12–18 Uhr

 Die jeweiligen Öffnungszeiten finden Sie im Register ab S. 186.

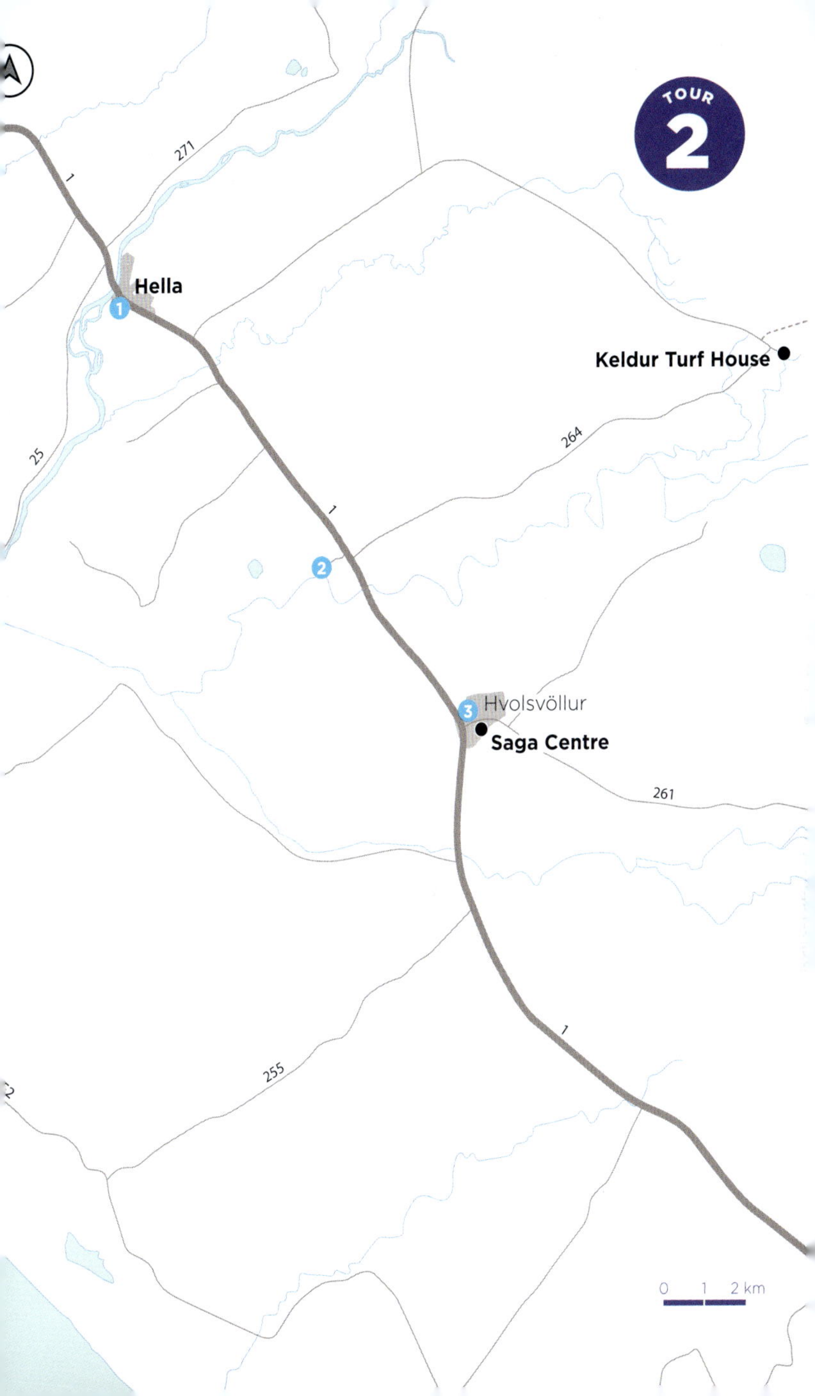

TOUR 2
Hella
Keldur Turf House
Hvolsvöllur
Saga Centre
1
2
3
271
25
264
261
255
0 1 2 km

HELLA UND LANDMANNALAUGAR

2 LANDMANNALAUGAR

In den bunten Vulkanlandschaften wähnt sich der staunende Besucher auf einem anderen Planeten. Es gibt zahlreiche Wanderwege, die nur im Sommer zugänglich sind und auf denen man mehrere Tage verbringen kann. Magie ist garantiert!

Anfahrt mit Geländewagen von Hella aus

- **Variante 1 über F 26, F 208 und F 224; 128 km. Der einfachste Weg, Furten nur am Ende, aber es besteht die Möglichkeit, das Auto vorher zu parken und den Fluss zu Fuß über Holzbrücken zu überqueren.**
- **Variante 2 über F 26, F 225, F 208, F 224; 104 km. Schwieriger (es gibt Furten), aber auch schöner und weniger frequentiert.**
- **Achtung: »F-Roads« sind nur im Sommer zugänglich.**

Mit dem Bus von Hella (hin und zurück in einem Tag möglich):

- **Sterna Travel (Sommer): 13/13A (Haltestelle: Tankstelle Olís)**
- **Reykjavik Excursions (Sommer): 11/11A (Haltestelle: Supermarkt Kjarval)**

ADRESSEN

- Es gibt in Landmannalaugar eine Unterkunft, einen Campingplatz und einen provisorischen Laden in einem Bus.
- **Das Highland Center Hrauneyjar** mit modernem Komfort liegt 40 km nördlich von Landmannalaugar – mit Restaurant, Hotel, Lebensmittelgeschäft und Tankstelle.

ORGANISIERTE TOUREN

- Organisierte Tagesausflüge von Hella aus haben **Southcoast Adventures** und **Iceland South Coast Travel** im Angebot.
- Die Agentur **Discover Iceland** unternimmt Tagesausflüge nach Landmannalaugar inklusive Halt am Fuß des Vulkans Hekla, einem der aktivsten Vulkane Islands.

AKTIVITÄTEN

- A Bláhnúkur
- B Laugahraun
- C Brennisteinsalda
- D Heiße Quelle

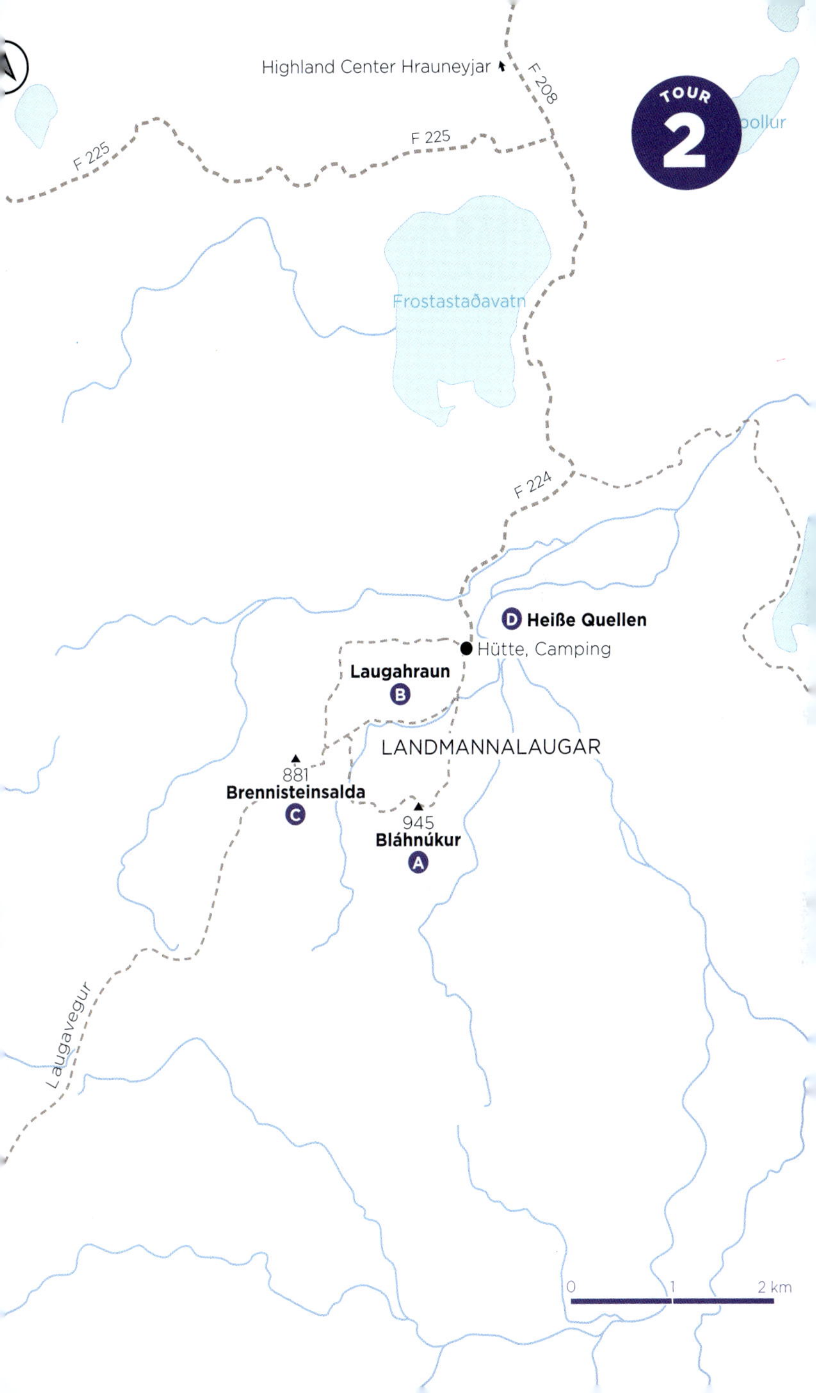

TOUR 2
Highland Center Hrauneyjar
F 208
F 225
F 225
Frostastaðavatn
F 224
D Heiße Quellen
Hütte, Camping
Laugahraun
B
LANDMANNALAUGAR
881
Brennisteinsalda
C
945
Bláhnúkur
A
Laugavegur
0
1
2 km

HELLA UND LANDMANNALAUGAR

2 LANDMANNALAUGAR AKTIVITÄTEN

A BLÁHNÚKUR

3 Std., mittelschwere Wanderung

Vom Gipfel des Blue Peak (945 m) haben Sie einen herrlichen Blick auf diese atemberaubende Region mit ihren Hügeln und Tälern und den Landschaften, die so bunt sind wie die Palette eines Malers.

B LAUGAHRAUN

1.30–2 Std., leichte Wanderung

Der Pfad führt durch einen Lavastrom zu den ockerfarbenen Flanken des Brennisteinsalda. Zurück geht es durch die Grænagil-Schlucht mit ihrem bunten Relief, wobei Sie einem Bachbett folgen.

C BRENNISTEINSALDA

4 Std., leichte Wanderung

Der Weg zum Gipfel des Vulkans (881 m) scheint durch ein Kaleidoskop psychedelischer Farben zu führen: neongelbe Flechten, rosafarbene Eisenausfällungen, Sulfidwellen, Rhyolitmarmorierungen …

D HEISSE QUELLE

Marschieren Sie einfach über den moosigen Grasteppich und entspannen Sie sich im warmen Fluss. Wenig Strömung, seichtes Wasser, ein traumhaftes Panorama: der perfekte Abschluss Ihrer Tour!

TOUR
2

TAGESAUSFLUG VON HELLA

VESTMANNAEYJAR: HEIMAEY

DAS POMPEJI DES NORDENS

- **Hella-Fähranleger Landeyjahöfn (43 km); Auto: Route 254, Bus: Strætó, Linie 52**
- **4–5 Fähren/Tag (35 Min.), erste Abfahrt 9.45, letzte Abfahrt 21 Uhr, verkehrt nicht bei Unwetter**

VESTMANNAEYJAR, DIE WESTMÄNNERINSELN

Durch submarine Ausbrüche entstand dieser vulkanische Archipel, der aus etwa 15 Inseln besteht. Von diesen ist nur **Heimaey**, die größte (13,4 km^2), bewohnt. Die Geologie ist alles andere als stabil. Der Vulkan Eldfell in unmittelbarer Nähe des Hafens erwachte am 23. Januar 1973. Die gewaltigen Lavaströme fügten der zerklüfteten Insel 2 km^2 Land zu. Die Lava verschlang einen Teil der Wohnhäuser, doch es konnten alle Menschen gerettet werden.

WANDERUNGEN

- **Eldfellshraun:** Dieser Ort ist durch ein Lavafeld, das beim Ausbruch von 1973 entstand, scharf abgetrennt. Inmitten der Lupinen, die daraus hervorsprießen, weisen Schilder auf verschüttete Wohnhäuser hin.
- **Aufstieg zum Eldfell:** Schöne Aussicht vom Gipfel (200 m) auf dem Schlackenkegel des Vulkans.
- **Stórhöfði:** 5,4 km vom Hafen entfernt, locken die Klippen der Halbinsel im Sommer viele Papageientaucher an.

ELDHEIMAR VOLCANO MUSEUM

Winter Mo, Di geschl. | Eintritt

Das interessante **Museum** dokumentiert den Ausbruch von 1973 mit Filmen und Resten der Lavaströme. Man erfährt, dass die Stadt gerettet wurde, indem man das Magma mit Meerwasser bekämpfte.

BOOTSTOUREN

Ideal, um die Geografie der Insel zu verstehen, die Papageientaucher bei der Jagd zu beobachten und dann die Fahrt mit einem Saxofonstück abzuschließen. Buchung bei **Viking Tours**.

FISKIBARINN

- Fish 'n' chips, gebeizter Lachs und reichhaltige Suppen nahe des Hafens.
- Fisch nach Wahl und Beilagen, die direkt aus der Pfanne serviert werden.

Skólavegur 1 | Mi–Do 11–20, Fr, Sa bis 21 Uhr

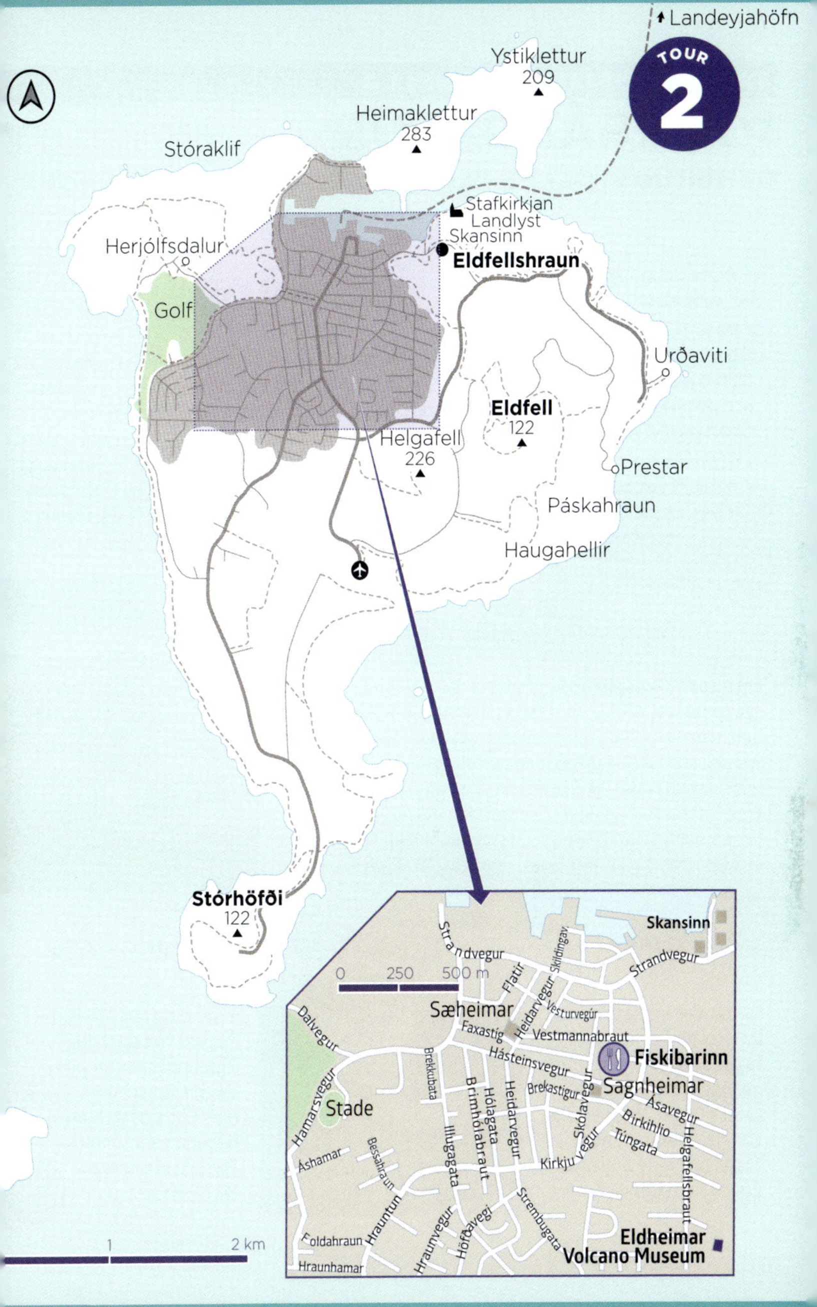

Landeyjahöfn
TOUR 2
Ystiklettur 209
Heimaklettur 283
Stóraklif
Stafkirkjan
Landlyst
Skansinn
Eldfellshraun
Herjólfsdalur
Golf
Urðaviti
Eldfell 122
Helgafell 226
Prestar
Páskahraun
Haugahellir
Stórhöfði 122
0 250 500 m
Skansinn
Strandvegur
Flatir
Skildingav
Heidarvegur
Vesturvegur
Sæheimar
Faxastíg
Vestmannabraut
Fiskibarinn
Dalvegur
Hásteinsvegur
Brekkubata
Brekastigur
Sagnheimar
Hólagata
Brimhólabraut
Heidarvegur
Skólavegur
Ásavegur
Birkihlio
Túngata
Helgafellsbraut
Hamarsvegur
Stade
Áshamar
Bessahraun
Illugagata
Kirkjuvegur
Strembugata
Hrauntun
Hraunvegur
Höfðavegi
Foldahraun
Hraunhamar
Eldheimar Volcano Museum
1 2 km

TAGESAUSFLUG VON HELLA

ÞJÓRSÁRDALUR

GEHEIMNISVOLLES TAL UND RELIKTE DER WIKINGER

- **Kein Bus, ein Auto ist erforderlich.**
- **Pkw ausreichend für das Tal, aber Offroad-Fahrzeug empfohlen für Stöng und Gjáin**
- **Schwierige Anfahrt im Winter (www.road.is)**

DAS TAL

Einst hatten sich die Wikinger in dieser Region niedergelassen. Sie ist wunderschön und wild, aber sehr trocken. Die **Þjórsá**, der längste Fluss Islands (von der Route 32 aus hat man einen herrlichen Blick auf seine Windungen), durchquert die Region, die seinerzeit bewaldet und sehr fruchtbar war – ein wahres Bauernparadies! Doch dann regte sich der Vulkan Hekla, der die Landschaft 1104 in eine unwirtliche Ödnis verwandelte.

STÖNG

5 Min. Fußweg vom Parkplatz | Winter geschl.

Ein alter **Wikingerhof** mit einem wechselhaften Schicksal: Im 10. Jh. erbaut und 1104 vom Vulkan Hekla begraben, wurde er 1939 nach archäologischen Ausgrabungen wieder ans Licht gebracht. Inzwischen sind die große Halle, der Kamin, die Speisekammer, eine Schmiede und eine Kirche zu erkennen. Etwa 10 km entfernt wurde das Ensemble inklusive Gründach originalgetreu rekonstruiert (Þjóðveldisbærinn, Sept.–Mai geschl., Eintritt).

GJÁIN

Hinter der vulkanischen Wüste am Parkplatz entfaltet sich über eine Treppe eine Oase zwischen zwei Hügeln: Wasserfälle, Basaltsäulen, grünes Moos und eine Fülle von Engelwurz-Gewächsen.

ÁRNES CAFÉ

- Das einzige Café in der Region Þjórsárdalur.
- Freundlicher Empfang, es gibt Broschüren sowie eine Fotoausstellung und nebenan eine Tankstelle.

Árnes, Skólabraut | tgl. 10–18 Uhr

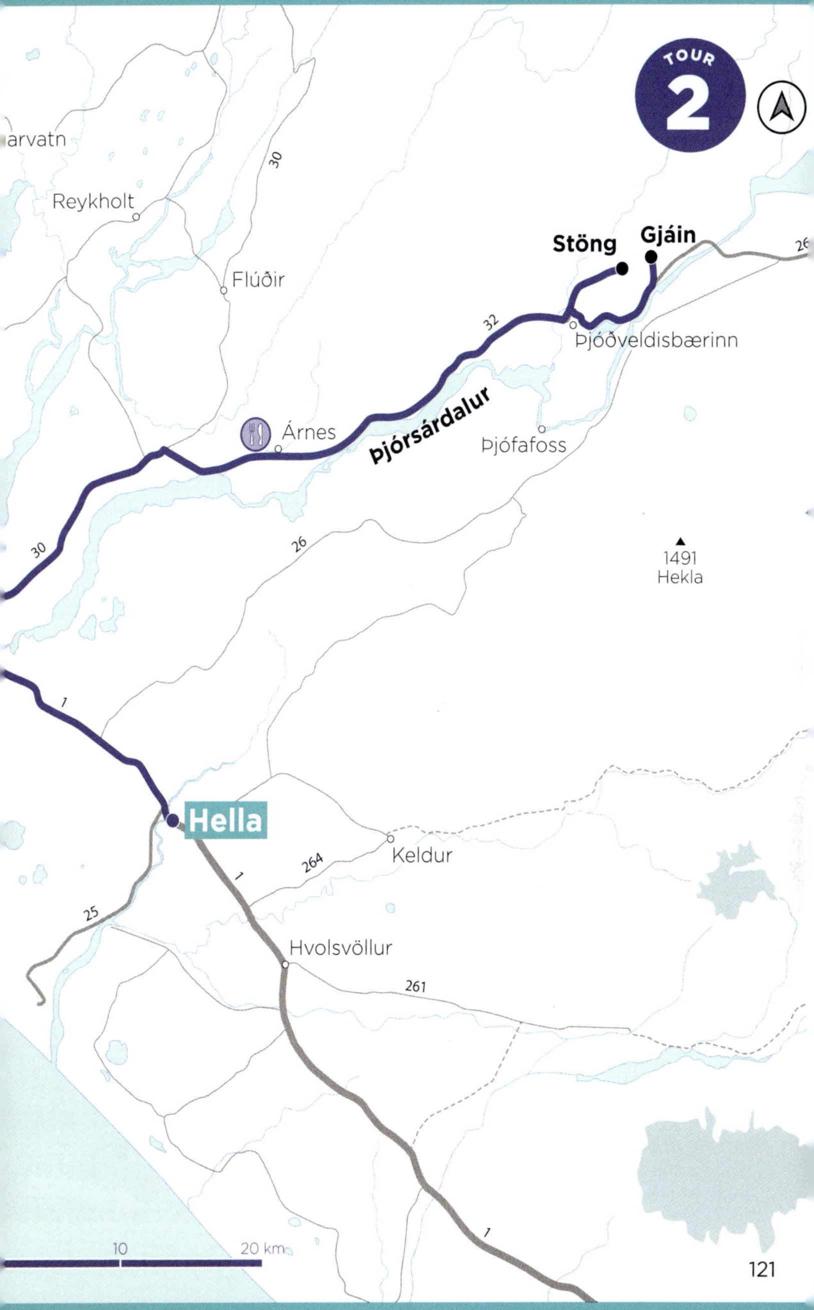
TOUR
2
arvatn
Reykholt
30
Flúðir
Stöng
Gjáin
32
Þjóðveldisbærinn
Árnes
Þjórsárdalur
Þjófafoss
30
26
1491
Hekla
1
Hella
Keldur
264
1
25
Hvolsvöllur
261
1
10
20 km

VON HELLA NACH VÍK

- **93 km**
- **Eigenes Auto empfohlen**
- **Bus: sehr umständlich; Strætó, Linie 51, Stopps in Hvolsvöllur und Skógar; Sterna (Sommer), Linie 12/12A, Stopps in Seljalandsfoss, Hvolsvöllur, und Skógar; Reykjavik Excursions (Sommer), Linie 20/20A, 21/21A, Stopps in Hvolsvöllur und Skógar**
- **Reiseveranstalter von Reykjavík aus: Gray Line Iceland, Reykjavik Excursions, Sterna Travel etc.**

LAVA CENTRE

Hvolsvöllur | Eintritt

Ein interaktives Museum, in dem Sie alles über die wichtigsten Vulkane der Region erfahren: **Eyjafjallajökull** (der 2010 den Flugverkehr lahmgelegt hatte), **Katla** und **Hekla**. Und als Zugabe gibt es eine Eruptionssimulation!

SELJALANDSFOSS

Wie in einem Abenteuerfilm: Ein Pfad führt hinter den dichten Wasservorhang dieses 65 m hohen **Wasserfalls**. Wunderschön bei Sonnenuntergang. Achtung, die Wege können rutschig sein!

GAMLA FJÓSIÐ

- Spezialität der kleinen Farm sind Gerichte mit dem Fleisch der hier gezüchteten Rinder.
- Essen im alten Kuhstall.
- Es gibt auch Suppen.

Hvassafell, Eyjafjöllum | tgl. 11–21 Uhr

SELJAVALLALAUG

Route 242 | Eintritt frei

In diesem mitten in der Natur errichteten **Warmwasserbecken** lernten Isländer in den 1920er-Jahren das Schwimmen. Ein sympathisches Retro-Feeling umgibt den Ort (15 Minuten Fußmarsch).

SKÓGAFOSS

Am Fuße dieses majestätischen, 60 m hohen **Wasserfalls** fühlt man sich ganz klein. Nehmen Sie den Weg rechts, um ihn von oben zu bestaunen. Ein Wikinger soll hier seinen Schatz versenkt haben.

SKÓGASAFN

Eintritt

Das faszinierende **Kulturzentrum** dokumentiert den Alltag im ländlichen Island (15 000 Objekte). Wirklich schön sind die torfgedeckten Häuser (Schmiede, Wohnzimmer, Schule) im Außenbereich.

LANDMANNALAUGAR
TOUR 2
1491
Hekla
26
ella
Keldur
1
264
Lava Centre
Hvolsvöllur
Þórsmörk
Mýrdalsjökull
Seljalandsfoss
Eyjafjallajökull
1512
Katla
Seljavallalaug
Sólheimajökull
242
Skógafoss
Skógasafn
Landeyjahöfn
Skógar
1
Sólheimasandur
Vík
Vestmannaeyjar
Dyrhólaey
0
10
20 km

ETAPPE 3 VÍK UND UMGEBUNG

Ein Flugzeugwrack bestaunen, auf Basaltsäulen klettern, Vulkanstrände überblicken, eine Eishöhle erforschen – zahlreiche Abenteuer liegen in Reichweite dieses isländischen Dorfes.

- **Vollständiger Name: Vík í Mýrdal**
- **Eigenes Auto empfohlen**

- **Bus: Strætó, Linie 51; Sterna (Sommer), Linie 12/12A; Reykjavik Excursions (Sommer), Linie 20/20A**

- **Tagesausflüge von Reykjavík: u. a. mit Sterna Travel und Gray Line Iceland**

TOUR 2

HIGHLIGHTS

- A Víkurkirkja
- B Icelandic Lava Show
- C Reynisfjara
- D Hálsanefshellir Cave
- E Dyrhólaey
- F Wrack der DC-3
- G Ice Cave Katla

ADRESSEN

- 1 Smiðjan Brugghús
- 2 Halldorskaffi
- 3 Strondin Bistro and Bar
- 4 Black Beach Restaurant

VÍK HIGHLIGHTS

A VÍKURKIRKJA

Auf der Anhöhe

Im Sommer von einem Teppich aus blauen Lupinen umgeben, wacht diese kleine weiße **Kirche** mit ihrem roten Dach über die Bucht. Die Felsnadeln von Reynisfjara zeichnen sich am Horizont ab.

B ICELANDIC LAVA SHOW

Víkurbraut 5 | Eintritt

Hier kann man heiße, geschmolzene Lava gefahrlos aus nächster Nähe erleben, sie brodeln hören und die intensive Hitze spüren. In der Show wird für die Besucher ein Vulkanausbruch nachgestellt.

C REYNISFJARA

Wunderschöner schwarzer **Sandstrand**, an dem die Wellen des Atlantiks majestätisch an Land rollen. Spitze Felsinseln ragen aus dem Waser, man wähnt sich in einem natürlichen Amphitheater.

D HÁLSANEF-SHELLIR CAVE

Die Klippen bestehen aus symmetrischen Basaltsäulen, da die erkaltete Lava hier perfekte sechseckige Strukturen geformt hat. Die fantasievollen Isländer sehen darin allerdings lieber das Haus eines Trolls.

E DYRHÓLAEY

Diese **Halbinsel** war eine Insel, die durch Lavaströme mit dem Festland verbunden wurde. Von den Klippen aus sieht man endlose schwarze Sandstrände, die von Schaumkronen übersät sind.

F WRACK DER DC-3

Parken entlang der Ringstraße

1973 zwang ein Treibstoffmangel eine DC-3 der US Navy, hier notzulanden. Zu Fuß in 50 Minuten erreichbar, blieb das Flugzeug dort liegen – verloren in der schwarzen Sandwüste von Sólheimasandur.

G ICE CAVE KATLA

Exkursion ab Vík

Die einzige Höhle, deren Gangsystem mit weißem, blauem und schwarzem Eis man ganzjährig erkunden kann. Buchungen über: **Katlatrack, Arctic Adventures, Extreme Iceland**.

VÍK ADRESSEN

1 SMIÐJAN BRUGGHÚS

- Ein Lokal, das sich auf saftige Burger, Chickenwings und Craftbeer spezialisiert hat.
- Das Besondere: Das isländische Bier wird direkt vor Ort gebraut.

Sunnubraut 15 | tgl. 12–22 Uhr

2 HALLDORSKAFFI

- Das Restaurant ist in einem ehemaligen Handelshaus aus dem 19. Jh. untergebracht.
- Große Auswahl an Gerichten, vom Sandwich bis zum Lammfilet.

Víkurbraut | tgl. 12–21 Uhr

3 STRONDIN BISTRO AND BAR

- Serviert werden gute Pizzas, Salate und weitere warme Speisen.
- Gäste genießen den Blick auf die Küste und die steilen Uferfelsen.

Austurvegi 18 | tgl. 12–23 Uhr, im Winter eingeschränkt

4 BLACK BEACH RESTAURANT

»Das einzige Restaurant am vulkanischen Strand von Reynisfjara. Perfekt für eine Einkehr und ein Mittagessen mit Blick auf das Ende der Welt.«

Reynisfjara | tgl. 11–21 Uhr, im Winter eingeschränkt

VON VÍK NACH SKAFTAFELL

- **140 km**
- **Eigenes Auto empfohlen**
- **Bus: Strætó, Linie 51; Sterna (Sommer), Linie 12/12A; Reykjavik Excursions (Sommer), Linie 20/20A**

Kirkjubæjarklaustur (oft Klaustur abgekürzt) ist der Hauptort der Region. Hier kann man einkehren und tanken. Bis Freysnes hinter Skaftafell gibt es keine weitere Tankstelle.

FJAÐRÁRGLJÚFUR

Über die F206 (3 km)

Die Gletscherschmelze hat diesen 2 km langen, gewundenen **Canyon** in den Fels gemeißelt. Vom Parkplatz aus führt ein Weg auf die Anhöhe: 100 m tiefer sind die reißenden Stromschnellen des Flusses zu sehen.

SYSTRAKAFFI

- Auf der Speisekarte stehen vielfältige Gerichte: Lammterrine, BBQ-Rippchen, Forelle, Burger ...
- Familiäre Atmosphäre.

Kirkjubæjarklaustur, Klausturvegi 13 | tgl. 12–21 Uhr

FOSS Á SIÐU

Das feine Rinnsal dieses **Wasserfalls** fällt etwa 80 m weit den Hang hinab. Er führt nicht immer viel Wasser, und an windigen Tagen wird der Wasserfall mit majestätischen Böen komplett weggeblasen.

DVERGHAMRAR

Die von Moos oder Wildkräutern überwachsenen **Basaltsäulen** bilden eine geheimnisvolle Landschaft. Manch einer glaubt dort sogar die Kreaturen der unsichtbaren Welt singen zu hören.

SKEIÐARÁRSANDUR

Die Ringstraße Nr. 1 führt hier durch ein *sandur*, eine riesige schwarze **Schwemmlandebene**, die durch das Abschmelzen der Gletscher entstanden ist und von silbrigen Bächen durchzogen wird.

TOUR
2
Skaftafell
Freysnes
Núpsstaður
Kálfafell
1
Skeiðarársandur
Foss á Síðu
Dverghamrar
Fjaðrárgljúfur
Kirkjubæjarklaustur
(Klaustur)
204
F 228
F 235
F 206
F 233
F 208
DMANNALAUGAR
0
10
20 km

ETAPPE 4 SKAFTAFELL UND VATNAJÖKULL

Der Vatnajökull-Nationalpark, dessen Haupteingangstor in Skaftafell liegt, hat seinen Namen von Europas größtem Gletscher. Mit einer Fläche von 8100 km² beherrscht dieser Riese die Wanderwege, Wasserfälle und Gletscherlagunen der Region.

- **Eigenes Auto empfohlen**
- **Bus: Strætó, Linie 51; Sterna (Sommer), Linie 12/12A; Reykjavik Excursions (Sommer), Linie 10/10A, 15/15A, 20/20A**

ÜBERNACHTEN

Zwischen Kirkjubæjarklaustur und Höfn gibt es keine Dörfer, sondern nur ein paar abgelegene Weiler. In der Nähe von Skaftafell stehen Besuchern eine Handvoll Hotels, Hütten und Campingplätze als Übernachtungsmöglichkeit zur Verfügung. Reservierungen (außer für Campingplätze) sind auch im Winter empfehlenswert, denn dann ist die Zahl der geöffneten Unterkünfte noch geringer. Das Angebot ist zwischen Jökulsárlón und Höfn am größten. Frühaufsteher können die Region ansonsten von Kirkjubæjarklaustur (70 km westlich) aus erkunden.

BESUCHERZENTRUM

Das Besucherzentrum von Skaftafell ist täglich geöffnet und bietet eine Fülle von Informationen: Stadtpläne, Wissenswertes zu Wanderungen und Unterkünften in der Umgebung, Buchungen von Gletscher- und Eishöhlentouren usw. Und es gibt eine Cafeteria, die in den Sommermonaten Suppen, Sandwiches und Kuchen anbietet.

HIGHLIGHTS

- A Skaftafell
- B Svartifoss
- C Hofskirkja
- D Jökulsárlón
- E Diamond Beach
- F Gletschertour
- G Eine Eishöhle erkunden

ADRESSEN

1. Hotel Skaftafell
2. Hof 1 Restaurant
3. Fosshotel Glacier Lagoon
4. Jökulsárlón Glacier Lagoon

TOUR 2
Vatnajökull
VATNAJÖKULL-NATIONALPARK
HÖFN
Skaftafellsjökull
Svartifoss B
Skaftafell A
Freysnes
C Hofskirkja
Hof
Fjallsárlón
D Jökulsárlón
Diamond Beach E
Ingólfshöfði
0 10 20 km

SKAFTAFELL HIGHLIGHTS

A SKAFTAFELL

Skaftafell liegt am Fuße des größten Gletschers Europas und ist ein beliebtes Ziel für Wanderer. Von hier aus hat man einen weiten Blick über die Ebenen, Gletscherlagunen und Wasserfälle.

B SVARTIFOSS

1.30 Std. hin und zurück, leichte Wanderung

Die Basaltsäulen, die um diesen Wasserfall herum aufgereiht sind, erinnern an eine Orgel. Einige sind bis zu 20 m hoch. Andere sind zerbrochen und verleihen der Szenerie etwas sehr Dramatisches.

C HOFSKIRKJA

Hof

In Island haben sich nur sechs **Kirchen** mit Grasdächern erhalten. Diese (1884) ist immer noch in Betrieb. Achten Sie auf die Höhe des Grases auf dem Dach. Von Zeit zu Zeit wird es gemäht.

D JÖKULSÁRLÓN

Hunderte von Eisblöcken treiben auf dieser riesigen **Lagune** – makellos weiß, schwarz marmoriert, bläulich schimmernd. Im Sommer kann man mit dem Kajak durch die Eisfelder hindurchgleiten.

E DIAMOND BEACH

Eine Brücke überspannt den Abfluss des Gletschersees Jökulsárlón in den Ozean. Die Strömung treibt kleinere Eisblöcke mit sich, bevor sie sich am Ufer ablagern: Eisdiamanten auf schwarzem Sand.

F GLETSCHERTOUR

Ganzjährig | Voranmeldung

Fühlen Sie sich wie ein Polarforscher. Aber Vorsicht: Gehen Sie niemals allein los! Ihr Guide wird Ihnen Steigeisen zur Verfügung stellen. Buchungen bei: **Glacier Guides, Local Guide of Vatnajökull**.

G EINE EISHÖHLE ERKUNDEN

Nov.–März

Entdecken Sie die beiden Juwelen von Skaftafell: die Crystal Cave mit ihrer riesigen Kuppel und die türkisfarbene Blue Diamond Cave. Buchungen: **Glacier Guides, Local Guide of Vatnajökull**.

 Die jeweiligen Öffnungszeiten finden Sie im Register ab S. 186.

TOUR 2

SKAFTAFELL ADRESSEN

1 HOTEL SKAFTAFELL

»Gegrillter Saibling mit Mangosoße, Lamm mit Kreuzkümmel – ich bin begeistert von dieser kreativen Küche!«

Öræfi, Freysnes, Skaftafelli 2 | tgl. 18.30–21 Uhr

2 HOF 1 RESTAURANT

- Einfaches Restaurant in einem *guest house* und freundlicher Empfang.
- Auf den Tisch kommen ein paar kleine, herzerwärmende Gerichte.

Hof, Hof 1 Hotel | tgl. 11.30–13.30, 18.30–20.30 Uhr

3 FOSSHOTEL GLACIER LAGOON

- All-you-can-eat-Büfett zur Mittagszeit.
- Am Abend wird eine raffinierte Küche geboten.
- Alles findet in einem sehr eleganten Rahmen statt.

Öræfi, Hnappavellir | tgl. 12–15, 18–22 Uhr

4 JÖKULSÁRLÓN GLACIER LAGOON

- Suppe, Snacks, Kuchen.
- Der einzige Ort in Jökulsárlón, an dem man seinen Heißhunger stillen kann – winzig, aber praktisch.

Jökulsárlón | tgl. März–Mai, Okt. 9–18, Juni–Sept. 9–19, Nov.–Feb. 9–17 Uhr

LAKAGÍGAR (LAKI)

EIN SPALTE MIT 135 KRATERN

- **Nur in den Sommermonaten**
- **Flussüberquerungen**
- **F 206, Abzweigung 15 km westl. von Kirkjubæjarklaustur**
- **Bus: Reykjavik Excursions, Linie 10/10a (Skaftafell–Klaustur), dann 16/16a (Klaustur–Laki)**
- **Empfang vor Ort: Anfang Juni–Anfang Sept. tgl. 11–15 Uhr**
- **Kostenlose geführte Wanderung (90 Min.), tgl. (Mitte Juli–Mitte Aug.), Treff 12 Uhr am Parkplatz**
- **Gut beschilderte Wanderwege**
- **Keine Einkehrmöglichkeit**

DIE LAKI-KRATER

Eines der faszinierendsten Kapitel der isländischen Geschichte: Am 8. Juni 1783 explodierten 135 Krater mit einem lauten Knall und rissen eine 25 km lange Spalte auf. Es folgte ein acht Monate andauerndes Feuerwerk, etwa 30 Milliarden Tonnen Lava ergoss sich in die Täler. Die Landschaft, die inzwischen durch Moosbewuchs und jahrhundertelange Erosion geprägt ist, zeigt eine faszinierende Abfolge von Vulkankegeln, die von einer tiefen Furche durchzogen sind.

TOUR 2

WANDERUNGEN

Visitor Trail (500 m, 45 Min., leichte Wanderung): eine Wanderung auf dem ersten Krater. Am Eingang gibt es Faltblätter zur Flora von Lakagígar, darunter auch die geheimnisvollen Fairy Rings, eine Flechte, die im Kreis blüht.
Mont Laki (4 km, 1.30 Std., mittelschwere Wanderung): Vom Gipfel des Laki (818 m) bietet sich ein atemberaubender Blick auf die Kraterreihe. Diese Aussicht muss man sich verdienen, der Aufstieg ist recht anstrengend.
Tjarnargígur-Eldborgarfarvegur (4,7 km, 2.30 Std., leichte Wanderung): Erkundung von zwei Kratern, von denen der eine mit einem kleinen türkisblauen See punktet, während der andere mit grünen Hängen bedeckt ist.

FAGRIFOSS

Parken entlang der F 206

Der Fluss Geirlandsá windet sich durch eine der Spalten, die durch den Ausbruch entstanden sind, über das Vulkangestein in eine Schlucht, die 80 m tiefer liegt. Die Szenerie lässt sich vom oberen Ende der Schlucht aus bewundern, auf der anderen Seite des »Großen Wasserfalls«.

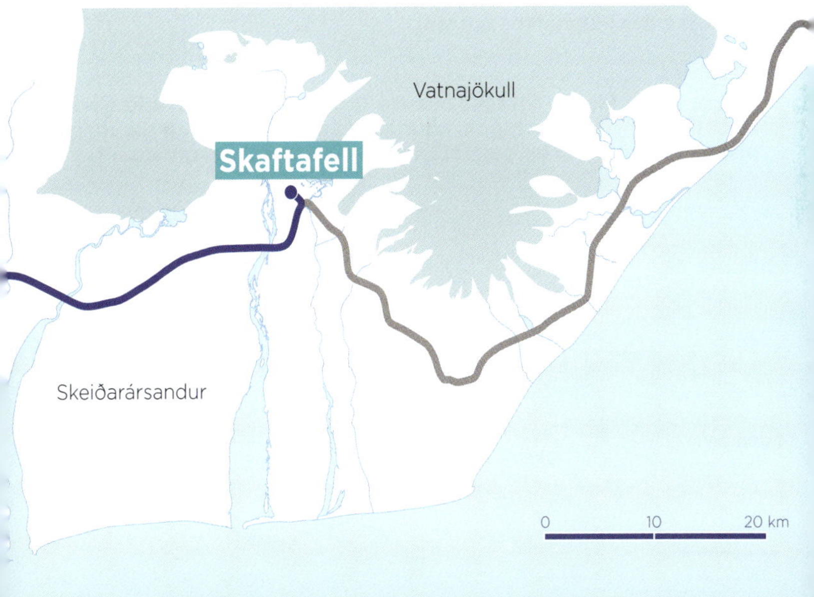

VON SKAFTAFELL ZURÜCK ZUM FLUGHAFEN KEFLAVÍK

Wer nur 8 bis 10 Tage Zeit hat, kann hier umkehren.

- **Skaftafell–Flughafen (KEF): 365 km**
- **An einem Tag möglich, vielleicht verbunden mit einem letzten Halt an der wunderbaren Blue Lagoon (siehe gegenüberliegende Seite)**
- **Gut zu wissen: Die meisten Flüge starten spät abends (1 Uhr) oder am Vormittag (6–12 Uhr).**
- **Bei frühen Flügen können Sie Ihr Auto am Vorabend abgeben und die kostenlosen 24-Stunden-Shuttlebusse der Hotels in der Nähe des Flughafens nutzen.**
- **Auto: Am praktischsten, der Flughafen ist das ganze Jahr über mit dem Pkw erreichbar.**
- **Bus: Umsteigen am Busbahnhof (BSÍ) in Reykjavík**

Von Skaftafell zum BSÍ:

Strætó, Linie 51

Sterna (Sommer), Linie 12

Reykjavik Excursions (Sommer): Linie 15, 20

Zum Internationalen Flughafen fahren Busse der Unternehmen Flybus, Gray Line Iceland oder Strætó (Linie 55).

- **Tipp: Wenn Sie die Strecke in zwei Tagen zurücklegen und eine Nacht in Selfoss verbringen, können Sie den letzten Tag die Halbinsel Reykjanes (siehe gegenüberliegende Seite) erkunden.**

TOUR 2

DIE HALBINSEL REYKJANES

AUF DEM WEG ZUM FLUGHAFEN KEFLAVÍK

KRÝSUVÍKURBERG

Am Ende einer Schotterstraße erheben sich auf 15 km Länge mächtige **Klippen**, die einen weiten Bogen bilden – tiefe Blicke auf die tosenden Wellen und das Ballett der hier nistenden Vögel.

SELTÚN

Dieses **Solfatarengebiet** bietet eine ganze Palette verschiedenster Farben. Stege führen über Quellen, Krater und Schlammlöcher, alles brodelt und dampft. Schöne Aussicht vom Gipfel des Hügels.

GUNNUHVER

Weg geht von der Route 425 ab

Dampfsäulen, die kilometerweit zu sehen sind, Tümpel aus flüssigem Ton, die in Blasen zerplatzen, orange und blau gefärbte Mineralien – es überrascht nicht, dass die Isländer behaupten, es spuke dort …

BLUE LAGOON

Eintritt | Reserv. erforderlich

Eine türkisfarbene Lagune in einer Lavawüste: die isländische Version einer Oase! Der Eintritt beinhaltet einen Cocktail, den man aus dem Wasser schlürfen kann. Teuer, touristisch, aber paradiesisch.

1 TRYGGVASKÁLI

»Lassen Sie sich mit leckeren Gerichten in einem isländischen Interieur mit Vintage-Möbeln und Blick auf den Fluss verwöhnen.«

Selfoss, Austurvegur 1 | Mi–Fr 16–21, Sa, So 11.30–22 Uhr

2 LAVA RESTAURANT

- Der idealer Ausklang nach einem Wellnesstag in der Blue Lagoon.
- Aussicht auf die Lagune.
- Kreative Küche: Lamm mit Datteln oder Saibling mit Wacholder.

Blue Lagoon | tgl. 11.30–21 Uhr

3 BRYGGJAN

»Der Treffpunkt der örtlichen Fischer. Machen Sie es ihnen nach und entscheiden Sie sich in dieser lustigen Kneipe für eine Hummersuppe.«

Grindavík, Miðgarður 2 | tgl. 8–22 Uhr

Die jeweiligen Öffnungszeiten finden Sie im Register ab S. 186.

VON SKAFTAFELL NACH HÖFN

- **136 km**
- **Bus: Strætó, Linie 51**
- **Achtung: Wie im gesamten Südosten und Osten Islands liegen die Tankstellen weit auseinander.**

FROST

- Sandwiches, Kuchen etc.
- Ausgezeichnete Speisen zu vernünftigen Preisen.
- Wunderschöne Aussicht auf die Lavafelder.

Fjallsárlón | tgl. 9.30–18 (Sommer), 10–17 Uhr (Winter)

JON RIKI

Eine Scheune mit dem Flair eines Designer-Restaurants! Probieren Sie doch das lokale Bier.

Hólmur | tgl. 17–21.30 (Sommer), bis 20.30 Uhr (Anfang Sept.). Mitte Sept.–Mai nach Voranmeldung

FJALLSÁRLÓN

Die kleine Schwester der **Lagune** Jökulsárlón (S. 132). Sie ist weniger bekannt als die Nachbarin, alles ist hier recht friedlich. Schlauchboot-Touren können von Mai bis Oktober unternommen werden.

TOUR
2
Vatnajökull
Höfn
Vestrahorn
1
Hali
Jökulsárlón
Skaftafell
Svínafellsjökull
Fjallsárlón
Diamond Beach
Hofskirkja
Hof
Öræfi
Cape Ingólfshöfði
0
10
20 km

ETAPPE 5 HÖFN UND UMGEBUNG

Eine spektakuläre Kulisse umgibt diesen ruhigen Hafen: die eisige Schönheit des Vatnajökull und die stürmischen Gipfel des Vestrahorn. Eine weitere Besonderheit sind die im ganzen Land berühmten Hummer. Ein Muss für jeden Gourmet!

- **Auto erforderlich**

- **Bus: Die Linie 51 (Strætó) verbindet die Stadt mit Reykjavík und fährt zu den meisten Sehenswürdigkeiten im Süden.**

- **Flugzeug: Anbindung an Reykjavík (www.eagleair.is)**

TOUR 2

SEHENSWERTES UND ADRESSEN

- A Gamlabúð
- B Ósland
- C Vestrahorn
- 1 Hafnarbudin
- 2 Pakkhus
- 3 Viking Café

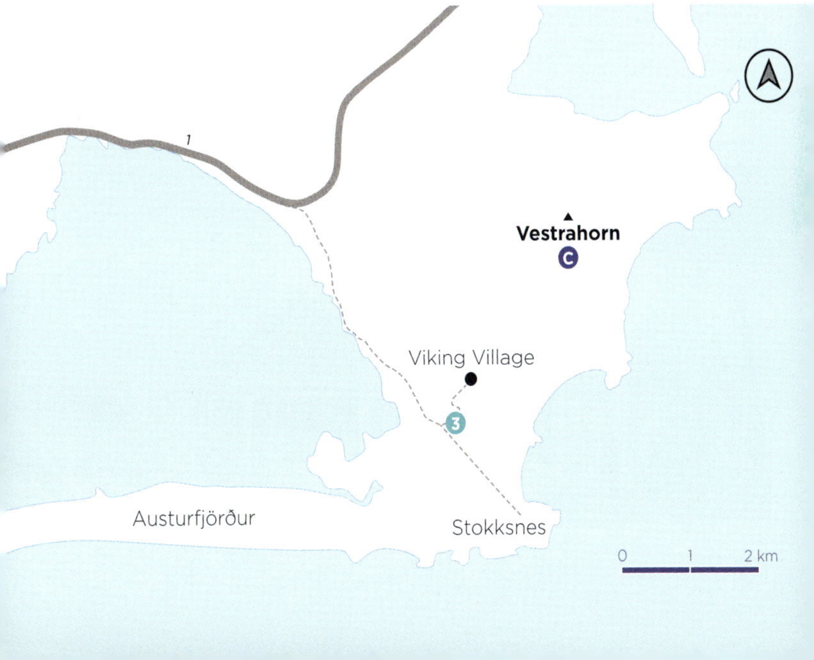

HÖFN SEHENSWERTES UND ADRESSEN

A GAMLABÚÐ

Heppuvegur 1

Der hübsche Holzbau (1864) beherbergt die **Tourist-Info**. In diesem historischen Ambiente zeigen interessante Ausstellungen alles über die Gletscher und die Vogelwelt der Region.

B ÓSLAND

Südspitze von Höfn | Eintritt frei

In diesem kleinen **Naturschutzgebiet** am Meer gibt es viele Vögel – und viele Besucher mit Teleobjektiven. Ein weiterer Pluspunkt ist die Aussicht auf den Vatnajökull, den mächtigen Gletscherriesen.

C VESTRAHORN

16 km östl. von Höfn

Die »Batman Mountains« überragen die Bucht von **Stokksnes**. Vom schwarzen Sandstrand aus kann man sie bewundern. Der Wind zaubert Furchen und Minidünen in den Boden *(Bild rechts)*.

1 HAFNARBUDIN

»Ein kulinarisches Erlebnis: Hier wird ein fabelhaftes Hummersandwich serviert, garniert mit Pommes frites aus Süßkartoffeln.«

Ránarslóð 2 | tgl. 9–21 Uhr

2 PAKKHUS

- Großer holzgetäfelter Speisesaal mit Blick auf den Hafen. Kleine Terrasse.
- Leichtes Menü am Mittag (Fischgratin, Pizza, Salat).
- Am Abend deftiger.

Krosseyjarvegi 3 | tgl. 12–22 Uhr

3 VIKING CAFÉ

- Im Angebot sind Snacks, Waffeln und Kuchen.
- Es gibt ein Regal mit lokalem Kunsthandwerk.
- Am Eingang eines Wikingerdorfes, das einst als Filmset errichtet wurde.

Horni | Juni–Sept. tgl. 9–19 Uhr

TOUR
2

VON HÖFN NACH EGILSSTAÐIR

- **256 km**
- **Auto erforderlich**
- **Bus: zweimal umsteigen; im Sommer mühsam, im Winter nicht möglich. www.svaust.is**

RINGSTRASSE (ROAD 1)

Die zahlreichen Fjorde bieten hinter jeder Kurve ein neues Panorama – ein wirklich atemberaubender Streckenabschnitt. Halten Sie Ausschau nach Rentieren am Straßenrand. Sie leben nur in dieser Region.

DJÚPIVOGUR

Eines der Pionierdörfer der Cittàslow-Bewegung (langsame Stadt). Genießen Sie die Aussicht, besuchen Sie das Folkloremuseum Langabúð und staunen Sie über Skulpturen aus riesigen Eiern.

BONES, STICKS AND STONES

Djúpivogur | Eintritt frei

In diesem skurrilen kleinen Garten hat ein Naturliebhaber Robben- und Walskelette, Rentiergeweihe und Felsskulpturen, die allesamt kunstvoll in Szene gesetzt werden, zusammengetragen.

PETRA'S STONE COLLECTION

Stöðvarfjörður | Okt.–April geschl

Petra hat ihr Leben lang Steine und Mineralien gesammelt, die sie unterwegs gefunden hat. Jetzt türmen sich die Kristalle und Quarze im Garten dieses kuriosen **mineralogischen Museums**.

FÁSKRÚÐSFJÖRÐUR

Französische Seeleute kamen ab 1825 zum Fischen hierher und verliebten sich in das Dorf: Das Krankenhaus, das Konsulat, zweisprachige Straßennamen und ein Museum voller Anekdoten zeugen davon.

HÓTEL FRAMTÍÐ

- Lounge-Restaurant mit gemütlicher Atmosphäre.
- Traditionelle isländische Küche, aber auch Pizza.

Djúpivogur, Vogalandi 4 | tgl. 9.30–21.30, Winter bis 20.30 Uhr, Mitte Sept.–Mai nach Voranmeldung

CAFÉ SUMARLINA

- Pizza und warme Gerichte, liebevolle Einrichtung.
- Freundlicher Service.
- Familiäre Atmosphäre direkt am Hafen.

Fáskrúðsfjörður, Búðavegur 59 | Mo–Fr 11–20.45, Sa, So 13–20.45 Uhr

 Die jeweiligen Öffnungszeiten finden Sie im Register ab S. 186.

TOUR 2
Eiðar
Egilsstaðir
Seyðisfjörður
Lagarfljót
Neskaupstaður
Eskifjörður
Reyðarfjörður
Fáskrúðsfjörður
Petra's Stone Collection
Stöðvarfjörður
Breiðdalsvík
Djúpivogur
Bones, Sticks & Stones
Papey
LÓNSÖRÆFI
F 980
Höfn
0 10 20 km

ETAPPE 6 EGILSSTAÐIR UND SEYÐISFJÖRÐUR

Egilsstaðir, eine moderne Stadt, die an einer Straßenkreuzung errichtet wurde, gilt als Tor zu den Ostfjorden. Auf den gewundenen Strecken erwarten Sie Fischerdörfer mit unwiderstehlichem Charme und prächtige Panoramen.

- **Auto erforderlich**
- **Busse eignen sich kaum zur Erkundung der Region. Strætó, Linie 56 nach Akureyri; Svaust, Linie 1 nach Reyðarfjörður**
- **Flugzeug: Anbindung an Reykjavík. www.airicelandconnect.com**

SEHENSWERTES

1 Egilsstaðir und Lagarfljót

2 Seyðisfjörður

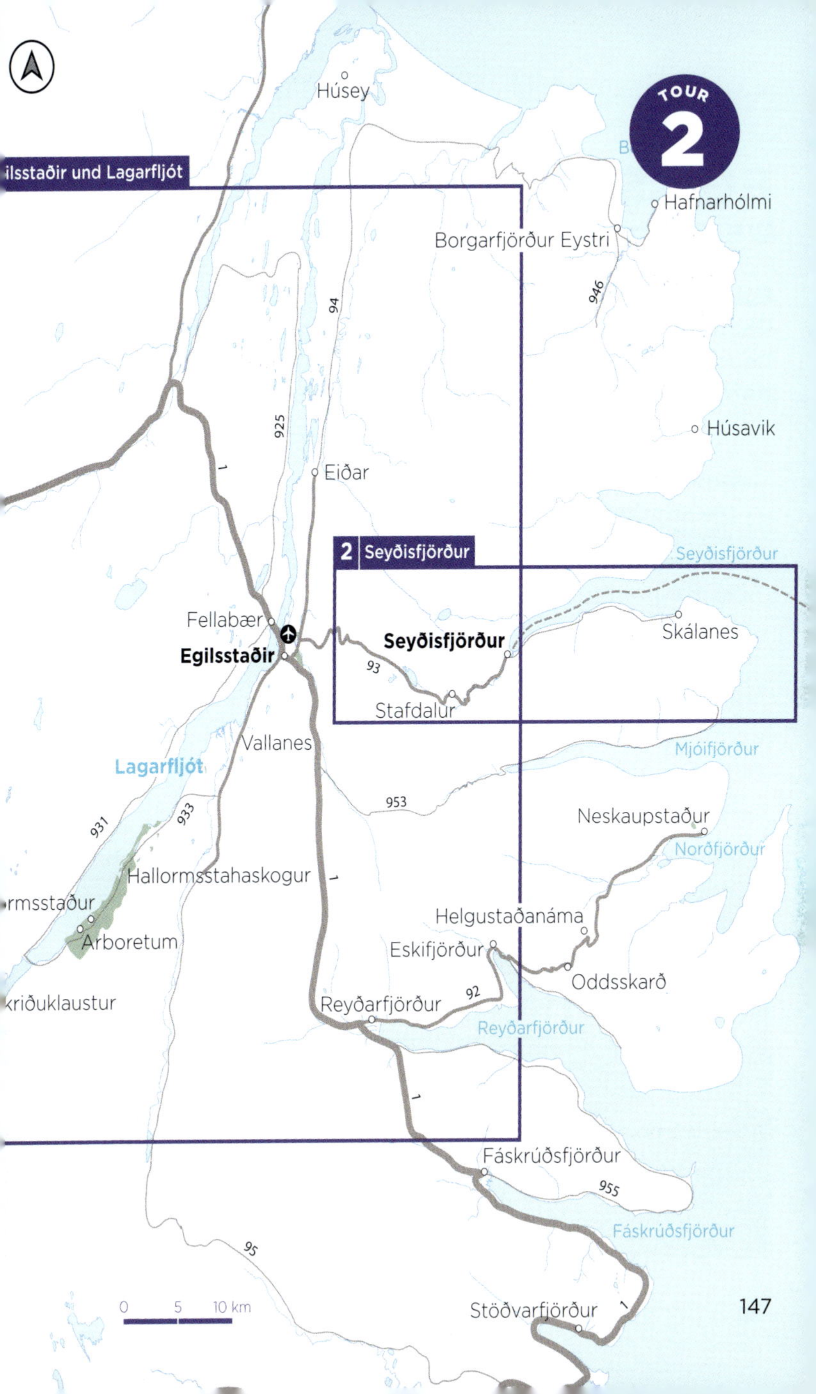
TOUR 2
ilsstaðir und Lagarfljót
2 Seyðisfjörður
Húsey
Hafnarhólmi
Borgarfjörður Eystri
946
94
925
Húsavik
Eiðar
Seyðisfjörður
Fellabær
Egilsstaðir
Seyðisfjörður
Skálanes
93
Stafdalur
Vallanes
Mjóifjörður
Lagarfljót
953
931
933
Neskaupstaður
Norðfjörður
Hallormsstahaskogur
rmsstaður
Helgustaðanáma
Arboretum
Eskifjörður
Oddsskarð
kriðuklaustur
Reyðarfjörður
92
Reyðarfjörður
Fáskrúðsfjörður
955
Fáskrúðsfjörður
95
0 5 10 km
Stöðvarfjörður

EGILSSTAÐIR

1 EGILSSTAÐIR UND LAGARFLJÓT

Egilsstaðir liegt am Ufer des Sees Lagarfljót und hat nicht den Charme der Fischerdörfer an den Fjorden, verfügt aber über eine beachtliche Auswahl an Hotels und Restaurants. Perfekt, um die Koffer auszupacken und die Umgebung zu erkunden!

- **Auto erforderlich**
- **Die Strecke ist ganzjährig mit dem Pkw befahrbar.**
- **Kein Busnetz**
- **Ohne Zwischenstopps dauert es ca. eine Stunde, um die beschriebenen Orte zu erreichen (60 km).**

HIGHLIGHTS

- A Lagarfljót
- B Litlanesfoss
- C Hengifoss
- D Gunnar Gunnarsson Museum

ADRESSEN

1. Café Nielsen
2. Bókakaffi Hlöðum
3. Klausturkaffi

TOUR
2
94
925
1
Eiðar
Fellabær
2
Egilsstaðir
1
93
Seyðisfjörður
Stafdalur
Lagarfljót
A
933
931
953
1
Hengifoss
tlanesfoss
Hallormsstaður
Arboretum
ar Gunnarsson
Museum
D
Skriðuklaustur
3
Eskifjörður
92
Reyðarfjörður
Reyðarfjörður
1
0
5
10 km

EGILSSTAÐIR HIGHLIGHTS UND ADRESSEN

1 EGILSSTAÐIR UND LAGARFLJÓT

A LAGARFLJÓT

Vielleicht entdecken Sie in dem silbergrauen **See** den Cousin von Nessie, der zuletzt 2012 aufgetaucht sein soll. Ansonsten machen Sie einen Spaziergang durch die wunderschönen Wälder.

B LITLANESFOSS

15 Min. Fußweg vom Parkplatz

Vom Parkplatz aus ist der Hang etwas schroff. Der Weg wird bald sanfter und führt an der Schlucht entlang. Die Belohnung? Ein märchenhafter Wasserfall, gesäumt von 30 m hohen Basaltsäulen *(Bild)*.

C HENGIFOSS

40 Min. südöstl. von Litlanesfoss

Am Ende der Schlucht zeugen die Tonschichten der Felswände von den Eruptionen vergangener Jahrhunderte. Eine imposante Kulisse, in die sich ein 118 m hoher, ohrenbetäubender Wasserfall stürzt.

D GUNNAR GUNNARSSON MUSEUM

Skriðuklaustur | Eintritt

Hier lebte Gunnar Gunnarsson, ein isländischer Autor des 20. Jhs. Das mit einem Steinmosaik verzierte Haus beherbergt heute ein Museum, das sein Leben und sein Schaffen dokumentiert.

1 CAFÉ NIELSEN

- Restaurant im ältesten Haus der Stadt, 1944 von einem Dänen mit Terrasse im Grünen gebaut.
- Gehobene internationale Küche: Tex-Mex, isländisch, asiatisch.

Tjarnarbraut 1 | tgl. 17–23 Uhr

2 BÓKAKAFFI HLÖÐUM

- Buchhandlung und ein nettes Café im freundlichen Retro-Look auf der anderen Seite des Flusses.
- Suppen, Sandwiches und süße Leckereien.

Fellabær, Þjóðvegur | Mo–Sa 11–18 Uhr

3 KLAUSTURKAFFI

»Verzichten Sie auf das Frühstück und gehen Sie lieber gleich an das Büfett dieses Cafés.«

Skriduklaustur, Fljotsdalsvegur | Juni–Aug. tgl. 10–18, April, Okt. 12–16, Mai, Sept. 11–17 Uhr, im Winter eingeschränkt

 Die jeweiligen Öffnungszeiten finden Sie im Register ab S. 186.

TOUR
2

EGILSSTAÐIR

2 SEYÐISFJÖRÐUR

Seyðisfjörður liegt am Ende des gleichnamigen Fjords und mausert sich jeden Sommer zu einer Künstlerkolonie. Entlang der bunten historischen Häuser reihen sich inspirierende Geschäfte, diverse Galerien und surrealistische Installationen aneinander.

- **Eigenes Auto empfohlen**

- **Mit dem Bus von Egilsstaðir: Die Gesellschaft FAS bietet Mo–Fr einen ganztägigen Ausflug an. Im Sommer veranstaltet SVAust eine zusätzliche Fahrt.**

- **Mit der Autofähre aus Dänemark ist Seyðisfjörður ein Tor zur Insel. Der Ort füllt sich dann mit zahlreichen Besuchern.**

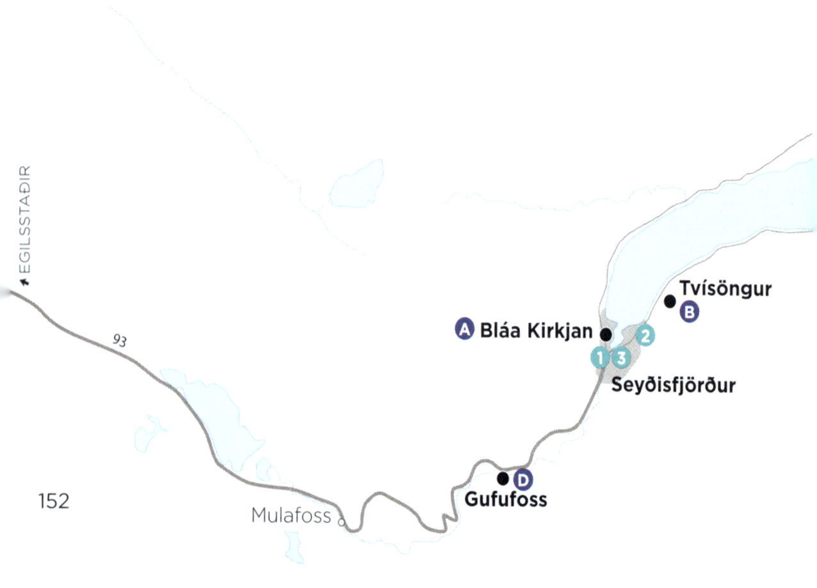

TOUR 2

HIGHLIGHTS

- A Bláa Kirkjan
- B Tvísöngur
- C Skálanes
- D Gufufoss

ADRESSEN

1. Kaffi Lára
2. Skaftfell Bistro
3. Nordic Restaurant

EGILSSTAÐIR

2 SEYÐISFJÖRÐUR HIGHLIGHTS UND ADRESSEN

A BLÁA KIRKJAN

Hafnargata 44

Ein in Regenbogenfarben gepflasterter Weg führt vom Dorfzentrum zu dieser reizenden himmelblauen **Kirche**. In den Sommermonaten sind die Konzerte klassischer Musik sehr beliebt *(Bild)*.

B TVÍSÖNGUR

20 Min. Fußweg vom Parkplatz

Fünf **Beton-Iglus** verschiedener Größe wurden über der Stadt aufgestellt. Der deutsche Künstler Lukas Kühne hat dieser Klangskulptur eine von der isländischen Musik inspirierte Akustik verliehen.

C SKÁLANES

17 km östl. von Seyðisfjördur

Ein isländisches Eden am Ende des Fjords: Lassen Sie Ihr Auto vor der Furt stehen und besuchen Sie die Klippen, das Revier der Vögel. Auf dem Weg sieht man kleine Strände und ein Meer von Lupinen.

D GUFUFOSS

3 km oberhalb des Dorfes

Der Fluss Fjarðará tost entlang der Route 93 den Fjord hinunter nach Seydisfjördur. Mehrere **Wasserfälle** begleiten seinen Weg. Gufufoss ist mit seinen 27 m Höhe der imposanteste.

1 KAFFI LÁRA

- Isländische Gerichte, Leckeres vom Grill und ein hausgemachtes Bier.
- Lamm, Schweinenacken, Spare Ribs, aber auch Salate und Vegetarisches.

Norðurgata 3 | So–Do 11–1.30, Fr, Sa 11–3.30 Uhr

2 SKAFTFELL BISTRO

»Dieses Bistro mit angeschlossenem Kulturzentrum stellt stolz die Zeichnungen seiner Gäste aus. Hier gibt es sogar eine Rentierpizza.«

Austurvegur 42 | Mo–Fr 12–21, Sa, So 15–21 Uhr

3 NORDIC RESTAURANT

- Italienische, französische und dänische Küche.
- Produkte der Saison, der Fisch kommt jeden Tag von örtlichen Fischern.
- Schöne Aussicht auf den Hafen und den Fjord.

Norðurgata 2 | tgl. 12–21 Uhr

TOUR
2

TAGESAUSFLUG VON EGILSSTAÐIR

BORGARFJÖRÐUR

PAPAGEIENTAUCHER UND DIE ELFENKÖNIGIN

- **70 km nordöstl. von Egilsstaðir**
- **Teilweise geschotterte Straße**
- **Gewundene und steile Strecke, im Winter ohne Geländewagen nicht zu empfehlen**
- **Bus: Tagesausflug nicht möglich**

DIE GEGEND

Ruhe und Beschaulichkeit am Ende der Welt. Die Route 94 führt im Übrigen auch nicht weiter. Das Dorf zählt nur etwa 100 Seelen. Im Sommer kehren die Papageientaucher treu zur Halbinsel zurück, um zu nisten, einige Touristen verirren sich dann hierher. In der Region gibt es zahlreiche Wanderwege (Karte in der Tourist-Info). So lässt sich etwa eine imposante Felsformation mit dem Namen Álfaborg besteigen: der Palast der Elfenkönigin.

HAFNARHÓLMI

Hinter dem östlichen Ende des Hafens erstreckt sich eine **Halbinsel**, die mit Stegen und Beobachtungshütten ausgestattet ist. Hier können Sie die Papageientaucher studieren, wie sie mit erbeuteten Fischen von der Jagd zurückkehren oder ihre Schnäbel aneinander reiben. Tolle Motive sind garantiert!

LINDARBAKKI

Nur von außen zu besichtigen

Eine leuchtend rote **Hütte**, die rundherum mit Wildkräutern und Gras bewachsen ist. Als Sommerresidenz ihrer Besitzerin wird sie nur einmal im Jahr – im Herbst – gemäht.

ÁLFACAFÉ

- Ungewöhnliche Deko: Jagdhörner, Harpunen etc.
- Der Fisch trocknet nebenan an der frischen Luft.
- Fischsuppe, Fang des Tages und Kuchen.

Borgarfirði | tgl. 12–20 Uhr

TOUR
2
Húsey
Borgarfjörður
Hafnarhólmi
Borgarfjörður Eystri
Lindarbakki
946
94
925
Húsavik
Eiðar
Seyðisfjörður
Skálanes
Seyðisfjörður
93
ilsstaðir
Stafdalur
Mjóifjörður
953
0
5
10 km

VON EGILSSTAÐIR NACH MÝVATN

- **272 km**
- **Eigenes Auto empfohlen, wenn man Stopps in Dettifoss und Krafla einlegen möchte**
- **Bus: Strætó, Linie 56**

FJALLAKAFFI

- Spezialität: die typische isländische Suppe sowie Lamm- und Rentiergerichte.
- Der Koch bezieht seine Zutaten größtenteils von lokalen Produzenten.

Möðrudalur, Route 901 | tgl. 7–22 Uhr

DETTIFOSS

Von einer Felsspitze bietet sich eine grandiose Sicht auf diesen breiten Wasserfall. Mit einer Wassermenge von durchschnittlich 193 m³ pro Sekunde ist er die gewaltigste Stromschnelle in ganz Europa.

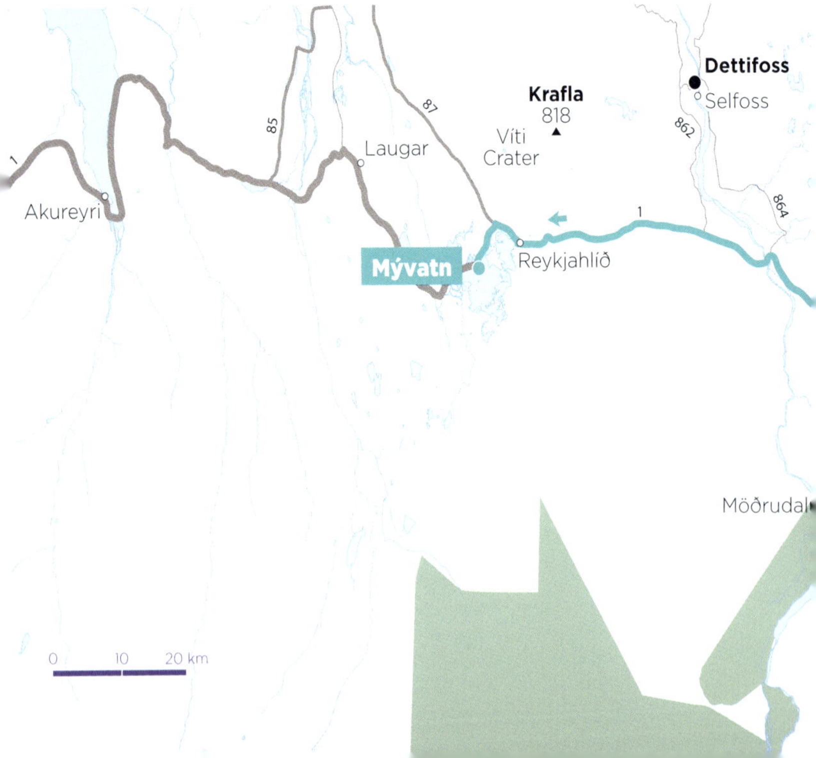

TOUR 2

KRAFLA

Ein Netz aus riesigen Rohren leitet hier die geothermische Energie des Bodens weiter. Hinter der Fabrik können Sie ohne Probleme den **Víti** besteigen, einen Krater, gefüllt mit türkisfarbenem Wasser.

ETAPPE 7 MÝVATN UND HÚSAVÍK

Von den mondbeschienenen Weiten des Mývatn bis zu den Häfen im Norden spiegelt die arktische Landschaft die Welt der Sagas wider. Eine berückende Schönheit, die demütig macht.

- **Um die Region zu erkunden, ist ein Auto erforderlich.**
- **Bus: Die Linie 56 (Strætó) verbindet Egilsstaðir über Mývatn mit Akureyri, aber das Busnetz reicht nicht weiter.**
- **Organisierte Touren: Die Dettifoss Grand Tour (SBA) umfasst Mývatn, Dettifoss, Asbyrgi, Husavik und Akureyri. Abfahrt in Mývatn, Ankunft in Akureyri am Abend (keine Rückkehr nach Mývatn). www.sba.is**

SEHENSWERTES

1. Mývatn und Umgebung
2. Húsavík

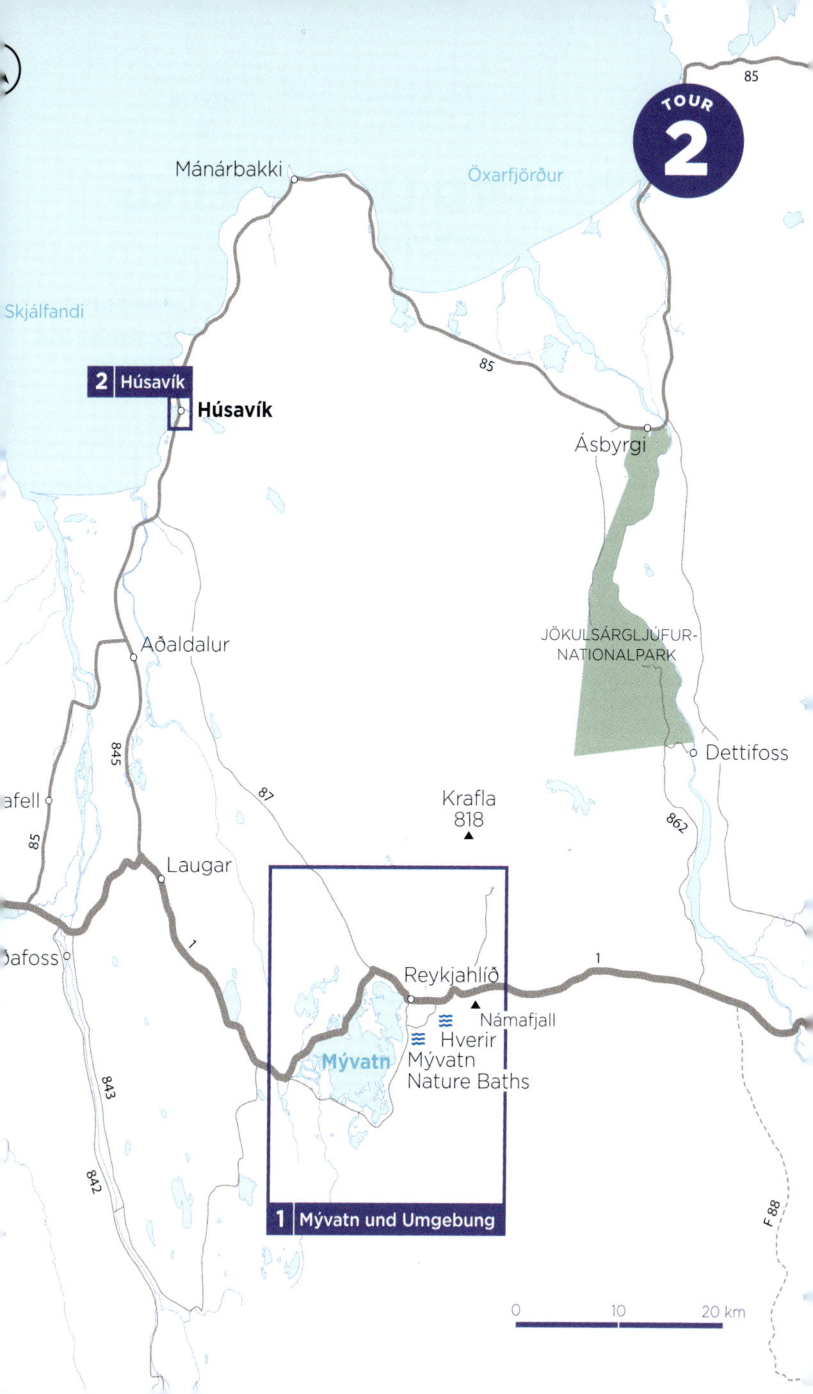
TOUR 2
Mánárbakki
Öxarfjörður
Skjálfandi
85
2 Húsavík
Húsavík
Ásbyrgi
JÖKULSÁRGLJÚFUR-NATIONALPARK
Aðaldalur
845
afell
85
87
Krafla 818
Dettifoss
862
Laugar
1
ðafoss
Reykjahlíð
Námafjall
Hverir
Mývatn
Mývatn Nature Baths
843
842
F 88
1 Mývatn und Umgebung
0
10
20 km

MÝVATN UND UMGEBUNG

1 RUND UM DEN SEE MÝVATN

Pseudokrater, fantastisch geformte Felsen, hohle Lavasäulen … Die surreale Atmosphäre der Region um den See Mývatn ist auf die Eruptionen des Vulkans Krafla zurückzuführen.

- **Auto erforderlich, da die einzelnen Orte relativ weit voneinander entfernt sind**
- **Kein lokales Busnetz**
- **Zahlreiche Anbieter organisierter Touren, u. a. SBA und Saga Travel**

REYKJAHLÍÐ

Der zentrale Ausgangspunkt für die Erkundung der Umgebung. Hier finden Sie Einrichtungen wie eine Bank, eine Tankstelle, einen Supermarkt, Hotels und eine Touristeninformation. Darüber hinaus gibt es einige Cafés, Restaurants und Unterkünfte rund um den See.

BESUCHERZENTRUM

In Reykjahlíð befindet sich ein Info-Büro, in dem Sie Karten und Informationen zu Wanderungen in der Umgebung bekommen. Außerdem werden kleine Ausstellungen organisiert. Im Sommer ganztägig geöffnet, im Winter mit eingeschränkten Öffnungszeiten.

MÜCKEN

Der See Mývatn verdankt seinen Namen diesen Kriebelmücken, die im Sommer allgegenwärtig sind. So kann es sinnvoll sein, ein engmaschiges Moskitonetz für den Kopf zu besorgen. An der Tankstelle in Reykjahlíð am Nordufer kann man verschiedene Ausführungen dieser Netze kaufen.

HIGHLIGHTS

- A Grjótagjá
- B Hverfell
- C Dimmuborgir
- D Höfdi und Kálfaströnd
- E Skútustaðagígar
- F Hverir
- G Mývatn Nature Baths

ADRESSEN

1. Vogafjós Cowshed Café
2. Kaffi Borgir
3. Eldey Restaurant

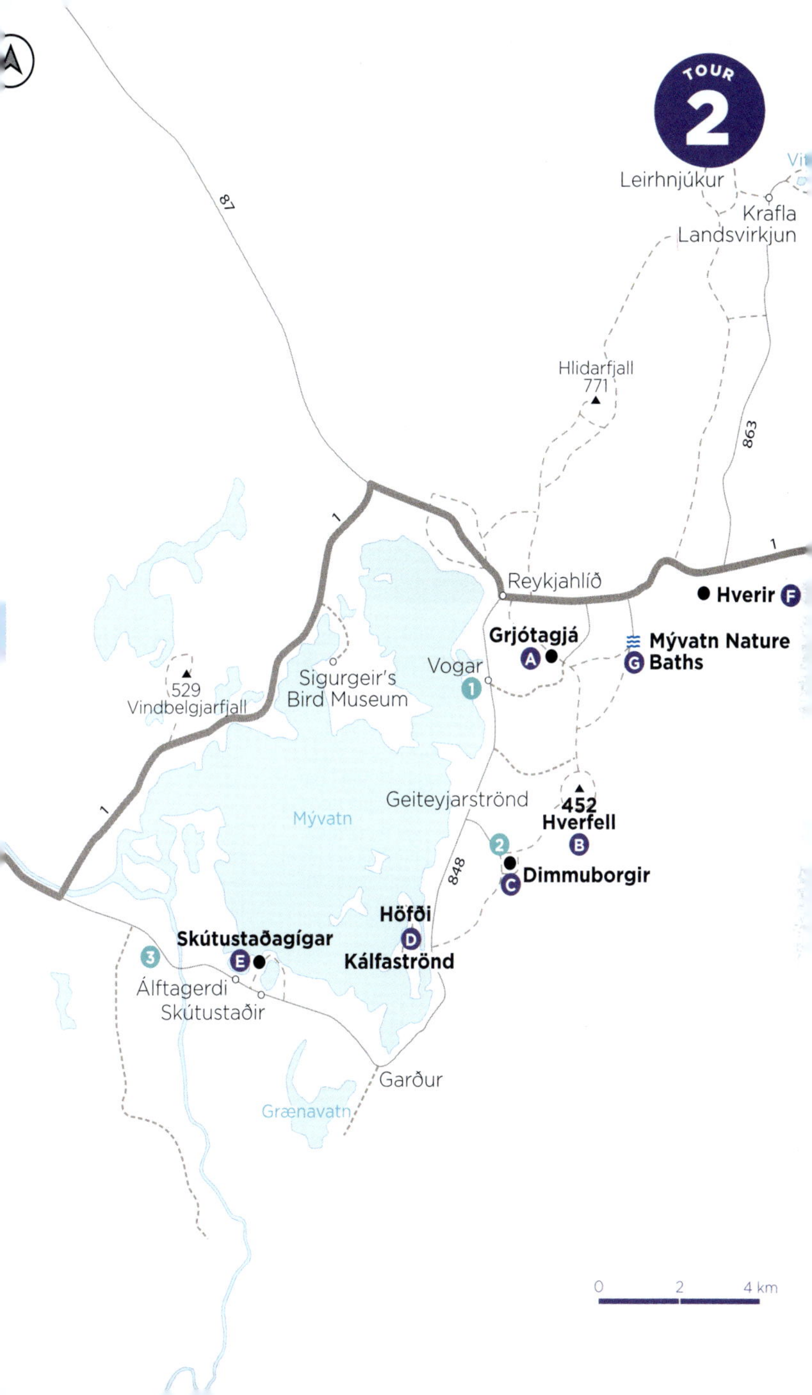

TOUR 2
Leirhnjúkur
Krafla
Landsvirkjun
87
Hlidarfjall
771
863
1
Reykjahlíð
Hverir F
Grjótagjá
A
Mývatn Nature Baths
G
Vogar
1
Sigurgeir's Bird Museum
529
Vindbelgjarfjall
Mývatn
Geiteyjarströnd
452
Hverfell
B
2
Dimmuborgir
C
848
Höfði
D
Kálfaströnd
Skútustaðagígar
E
3
Álftagerdi
Skútustaðir
Garður
Grænavatn
0
2
4 km

MÝVATN UND UMGEBUNG

1 RUND UM DEN SEE MÝVATN HIGHLIGHTS

A GRJÓTAGJÁ

Lavaströme können viele Geheimnisse bergen, z. B. diese **Höhle** mit ihrem türkisfarbenen Wasser. Früher konnte man darin baden, aber heute ist das kaum mehr möglich: Das Wasser ist 46 °C heiß!

B HVERFELL

Leichter Rundweg von 30 Min.

Ein wunderschöner **Krater** mit einem Durchmesser von 1 km, der vor 2500 Jahren durch den Ausbruch des Krafla entstanden ist. Am Ende des Aufstiegs bietet sich ein atemberaubender Blick.

C DIMMUBORGIR

Rundwege 30 Min.–1 Std.

Eine verlassene Zitadelle oder die Behausung eines Trolls? Diese bizarren Bögen und Türmchen entstehen, wenn Magma auf das Seewasser trifft und Wasserdampf durch die Schlote aufsteigt.

D HÖFDI UND KÁLFASTRÖND

Diese zwei hügeligen **Halbinseln** laden zu einem ausgedehnten Spaziergang ein. Genießen Sie den Blick auf das ruhige Wasser des Sees, aus dem Vulkansäulen ragen, auf denen Vögel sitzen.

E SKÚTUSTAÐAGÍGAR

Rundwege 20 Min.–1 Std.

Pseudokrater in allen Größen reihen sich am Seeufer aneinander. Gras und Moos wächst dort inzwischen wieder und bedeckt die Vulkanasche mit einem hellen Grün. *(Foto rechts unten)*

F HVERIR

Ockerfarbene Erde, die von bläulichen Becken, Kesseln, Fumarolen und Schwefel durchzogen ist. Eine **geothermische Stätte** von unwirklicher Schönheit, die einer Kulisse von *Mad Max* würdig ist.

G MÝVATN NATURE BATHS

Eintritt

Eine milchig blaue Lagune mit 36 bis 40 °C warmem Wasser und schneebedeckten Bergen im Hintergrund. Der Vorteil: Es ist definitiv intimer, malerischer und günstiger als in der Blue Lagoon.

 Die jeweiligen Öffnungszeiten finden Sie im Register ab S. 186.

MÝVATN UND UMGEBUNG

1 RUND UM DEN SEE MÝVATN ADRESSEN

1 VOGAFJÓS COWSHED CAFÉ

- Das schicke Café ist an einen Bauernhof angeschlossen.
- Wahlweise mit Blick auf die Stallungen oder den Mývatn-See.

Vogar | tgl. 10–22 Uhr, im Winter eingeschränkt

2 KAFFI BORGIR

»Bestellen Sie ein hausgemachtes Gericht und setzen Sie sich auf die Terrasse, von der Sie einen herrlichen Blick auf das Lavafeld haben.«

Dimmuborgir | tgl. 10–20 Uhr, im Winter eingeschränkt

3 ELDEY RESTAURANT

- Isländische und ausländische Spezialitäten, fantasievoll zubereitet mit lokalen Produkten.
- Exzellentes Risotto.

Hotel Laxá, Olnbogaás | Restaurant tgl. 18–21, Bar bis 23.30 Uhr

MÝVATN UND UMGEBUNG

2 HÚSAVÍK

Seine planktonreichen Gewässer machen Húsavík zur Hauptstadt der Walbeobachtung in Europa. Die Gegend ist den Giganten der Meere gewidmet, deren Gesang sogar von den Klippen widerhallt.

- **55 km nördl. von Mývatn**
- **Kein Direktbus zwischen Mývatn und Húsavík; Strætó, Linie 56 (Mývatn-Goðafoss), dann Linie 79 (Goðafoss-Húsavík)**
- **Direktflüge nach Reykjavík (www.eagleair.is)**

HIGHLIGHTS UND ADRESSEN

- A Kirche
- B Walmuseum
- C Geosea
- D Walbeobachtung
- 1 Fish & Chips
- 2 Naustið

TOUR
2
Geosea
Lyngbrekka
Sólbrekka
Héðinsbraut
Höfðabrekka
Höfðavegur
Auðbrekka
Laugarbrekka
Exploration
Museum
Höfðavegur
Hafnarvegur
Húsavík
Museum
B Walmuseum
Vallholtsvegur
Garðarsbraut
Stórigarður
A
Kirche
Hafnarstétt
D
Walbeobachtung
1
Miðgarður
Grundargarður
2
Ásgarðsvegur
Mararbraut
Túngata
Garðarsbraut
Fossvellir
Skjálfandi
Uppsalavegur
Baughóll
Garðarsbraut
300 m
Þverholt

MÝVATN UND UMGEBUNG

2 HÚSAVÍK HIGHLIGHTS UND ADRESSEN

A KIRCHE

Djúpivogur | Eintritt frei

Kein Detail wurde vergessen: Türmchen wie bei Rapunzels Schloss, Fenster mit dreieckigen Bögen, rote Umrandungen auf weißem Hintergrund – es sieht aus wie aus einem Wes-Anderson-Film.

B WALMUSEUM

Okt.–März Sa, So geschl. | Eintritt

Ein Museum, das der Welt der **Delfine** und **Wale** gewidmet ist. Die Größe und Erhabenheit der ausgestellten Skelette lässt niemanden unberührt: 25 m lange Blauwale, Narwale, Pottwalbacken …

C GEOSEA

Vitaslóð 1 | Eintritt

Was macht man mit einer heißen Salzwasserquelle? Ein prächtiges **Thermalbad**, das sich an eine Klippe klammert! Wellness pur – und nebenher nach vorbeiziehenden Walen Ausschau halten …

D WALBEOBACHTUNG

Zwischen April und Oktober kommen Fans der großen Meeressäuger am ehesten auf ihre Kosten. **North Sailing**, **Gentle Giants**, **Húsavík Adventures** und **Salka Whale Watching** organisieren Ausflüge auf dem Meer, in Schonern oder Speedbooten, inklusive wasserfester Ausrüstung. Einige Agenturen stellen zusätzlich Angelruten zur Verfügung. Den Fang können Sie dann auf dem Rückweg grillen und genießen. Man hält Ausschau nach Buckelwalen, Blauwalen (seltener), Finnwalen, Schweinswalen, Delfinen und Papageientauchern (bei einigen Sommertouren). Und sollte Ihnen das Glück nicht hold sein, bieten alle hier aufgeführten Anbieter einen zweiten Versuch an.

1 FISH & CHIPS

- Die Fast-Food-Bude mit Blick auf den Hafen ist die lokale Adresse für eine schnörkellose Mahlzeit.
- Die riesigen Portionen sind zum Teilen gedacht.

Hafnarstétt 19 | Mitte Mai–Okt. tgl. 11.30–22 Uhr

2 NAUSTIÐ

- Vom Boot direkt auf den Teller: In diesem Lokal in einem knallgelben Haus werden absolut frische Fischgerichte serviert.
- Familiäre Atmosphäre.

Ásgarðsvegur | wechselnde Öffnungszeiten

 Die jeweiligen Öffnungszeiten finden Sie im Register ab S. 186.

TOUR
2

VON MÝVATN NACH AKUREYRI

- **95 km**
- **Bus: Strætó, Linie 56**

GOÐAFOSS

15 Min. Wanderung

In diesen 158 m breiten Wasserfall sollen nach der Bekehrung Islands zum Christentum im Jahr 999 die Bildnisse der nordischen Götter geworfen worden sein. Ein traumhaft schöner Ort.

FOSSHÓL

- Das Gästehaus ist etwa 500 m von den Wasserfällen entfernt.
- Man bekommt isländische Gerichte und Suppen.

Goðafoss | Mitte Mai–Mitte Sept. tgl. 7.30–22 Uhr

TOUR 2

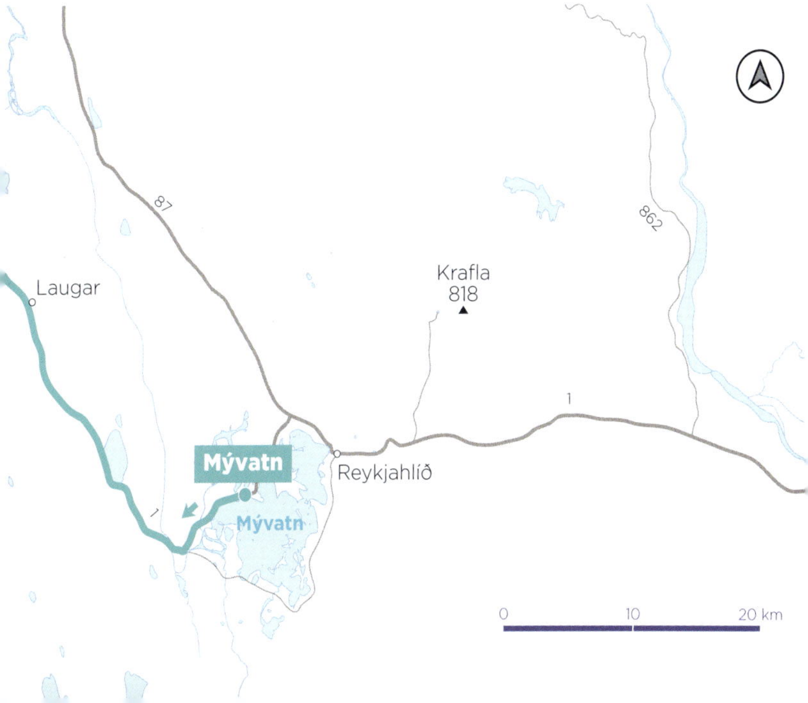
87
862
Krafla
818
Laugar
1
Mývatn
Reykjahlíð
Mývatn
0
10
20 km

ETAPPE 8 AKUREYRI UND UMGEBUNG

In Akureyri, der zweitgrößten Stadt Islands, schlägt das Herz des Nordens. Ein Hauch von urbanem Leben, bevor man sich auf der Halbinsel Tröllaskagi in der Einsamkeit des Nordens wiederfindet

- **Auto erforderlich, um das Umland zu erkunden**
- **Bus: Strætó, Linie 56 nach Mývatn und Egilsstaðir, Linie 79 nach Húsavík**

SEHENSWERTES

1 Akureyri

2 Halbinsel Tröllaskagi

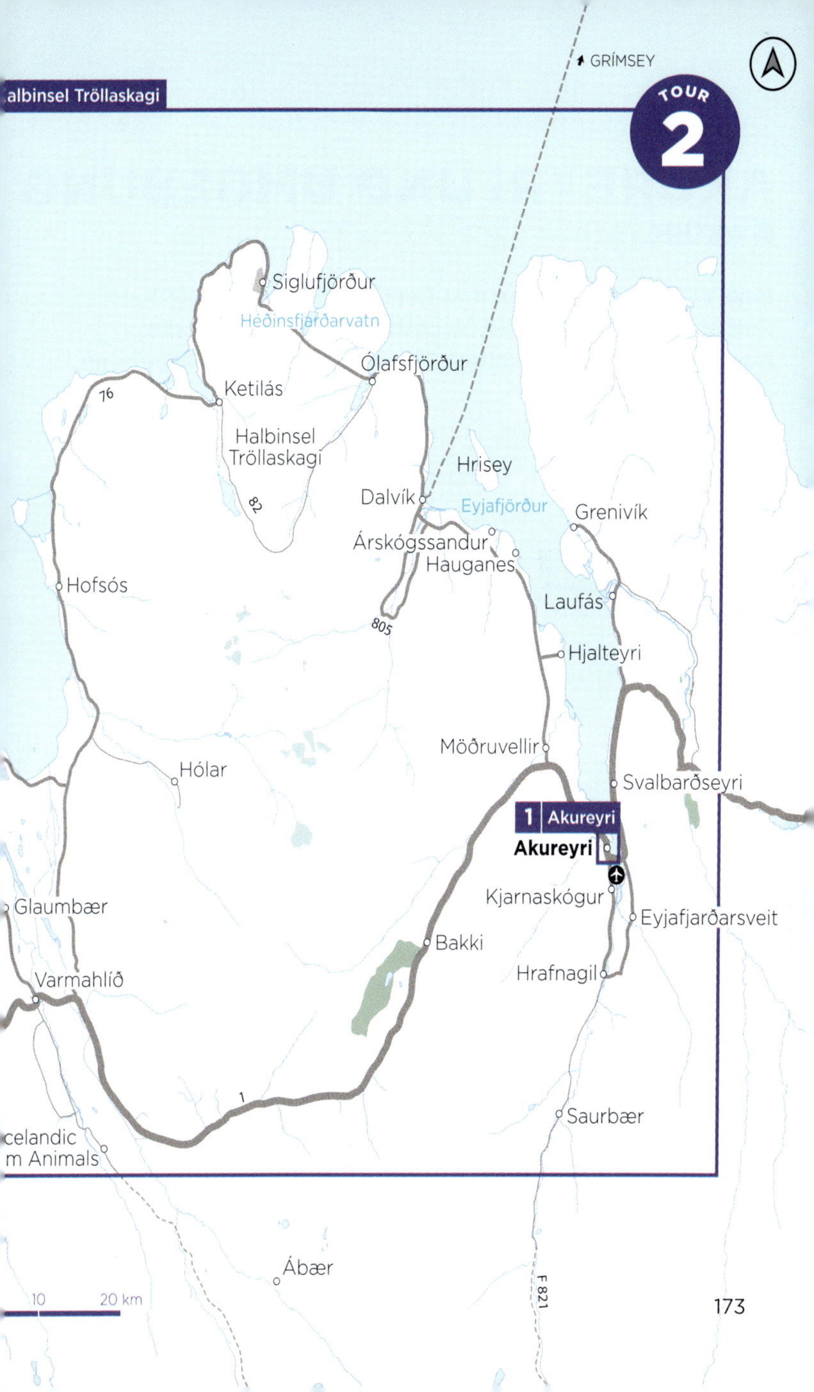
GRÍMSEY
albinsel Tröllaskagi
TOUR
2
Siglufjörður
Héðinsfjarðarvatn
Ólafsfjörður
Ketilás
76
Halbinsel
Tröllaskagi
Hrisey
Dalvík
Eyjafjörður
Grenivík
82
Árskógssandur
Hauganes
Hofsós
Laufás
805
Hjalteyri
Möðruvellir
Hólar
Svalbarðseyri
1 Akureyri
Akureyri
Kjarnaskógur
Glaumbær
Eyjafjarðarsveit
Bakki
Hrafnagil
Varmahlíð
1
Saurbær
celandic
m Animals
Ábær
F 821
10
20 km

AKUREYRI UND UMGEBUNG

1 AKUREYRI

Eine Vielzahl von Läden und Restaurants, ein vielfältiges Kulturangebot, sogar ein Nachtleben: Akureyri ist der Kontrapunkt zu den ruhigen Fischerdörfern der Umgebung.

- **Das Stadtzentrum lässt sich gut zu Fuß erkunden.**
- **Geführte Tour für Feinschmecker: www.akureyrifood tour.com**

SEHENSWERTES

- A Akureyrarkirkja
- B Menningarhúsið (MAK)
- C Hafnarstræti
- D Kaupvangsstræti
- E Botanischer Garten

ADRESSEN

- 1 Brynja
- 2 Kaffi Ilmur
- 3 Akureyri Backpackers
- 4 RUB 23
- 5 Götubarinn
- 6 Mulaberg Bistro & Bar
- 7 R5

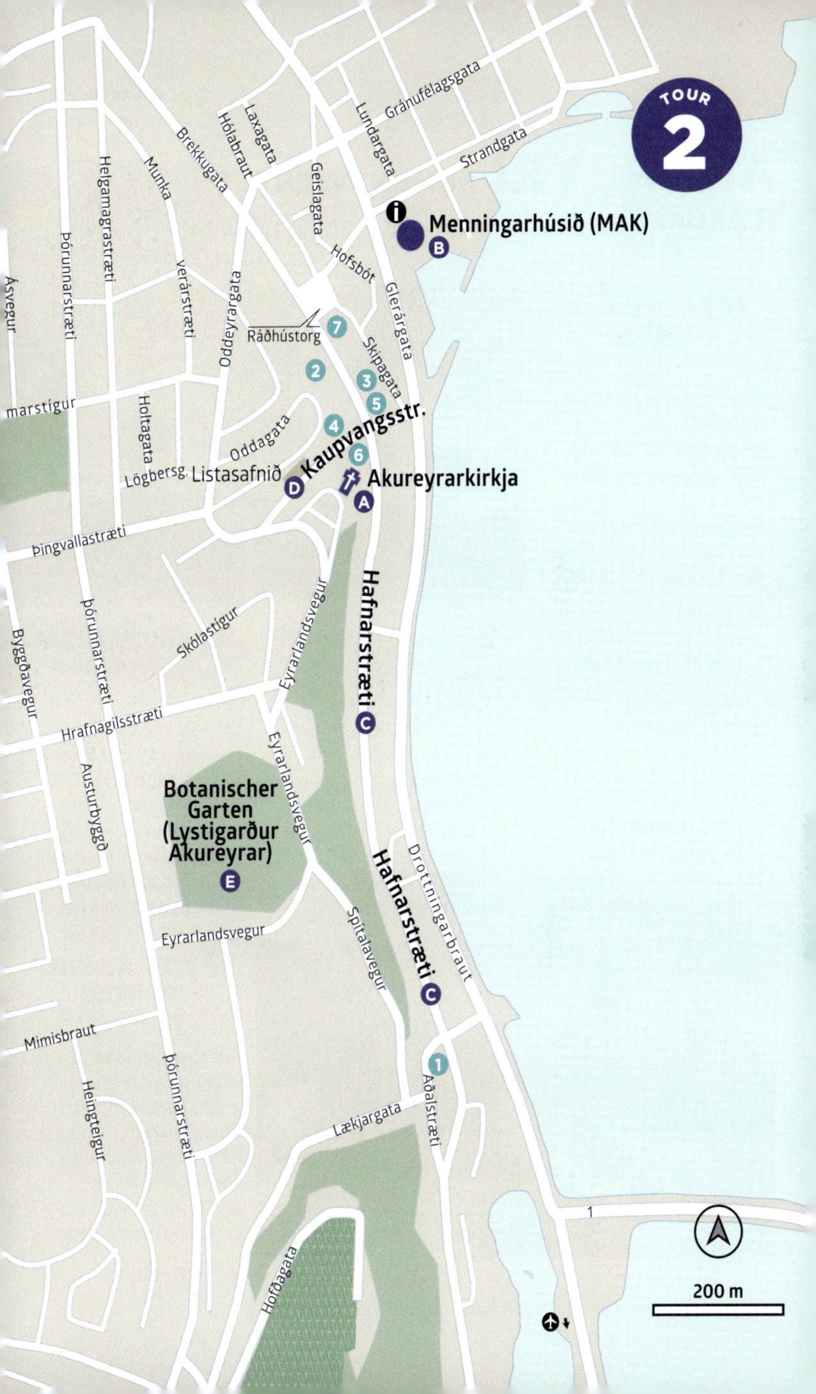
TOUR 2
Menningarhúsið (MAK)
B
Gránufélagsgata
Strandgata
Lundargata
Laxagata
Hólabraut
Brekkugata
Geislagata
Hofsbót
Glerárgata
Skipagata
Ráðhústorg
Munka
Helgamagrastræti
Þórunnarstræti
Ásvegur
Verárstræti
Oddeyrargata
marstígur
Holtagata
Oddagata
Kaupvangsstr.
Listasafnið
D
Lögbersg.
Akureyrarkirkja
A
Þingvallastræti
Hafnarstræti
Eyrarlandsvegur
Skólastígur
Byggðavegur
Hrafnagilsstræti
C
Austurbyggð
Botanischer Garten (Lystigarður Akureyrar)
E
Drottningarbraut
Spítalavegur
Mimisbraut
Heingteigur
Lækjargata
Aðalstræti
Hafnarstræti
Hofðagata
1
200 m

AKUREYRI SEHENSWERTES

1 AKUREYRI

A AKUREYRARKIRKJA

Kaupvangsstræti

Kommt Ihnen die Silhouette dieser modernistischen **Kirche** bekannt vor? Ja, sie ist die kleine Schwester der Hallgrímskirkja in Reykjavík. Von dort hat man einen schönen Blick auf den Fjord.

B MENNINGARHÚSIÐ (MAK)

Strandgata 12

Dieses modernistische Ufo, das auf einem Teich steht und abends rosa beleuchtet wird, beherbergt die **Tourist-Info**. Hier finden allerdings auch regelmäßig Ausstellungen und Aufführungen statt.

C HAFNARSTRÆTI

Die sympathische **Fußgängerzone** säumen bunte Geschäfte, Bars und Restaurants. Besonders zu empfehlen ist das Café Bláa Kannan, dessen rote Türmchen mit der blauen Fassade kontrastieren.

D KAUPVANGSSTRÆTI

Die »Straße der Künste«: Hier reihen sich Museen, Designstudios und Galerien aneinander. Jeweils am ersten Wochenende des Monats werden zahlreiche Veranstaltungen und Events organisiert.

E BOTANISCHER GARTEN

Okt.–Mai geschl. | Eintritt frei

Auf einer Anhöhe gelegen, versammelt dieser 4 ha große Park mehr als 7000 Pflanzenarten – und das nur wenige Kilometer vom Polarkreis entfernt. Angeschlossen ist ein angenehmes Terrassencafé.

 Die jeweiligen Öffnungszeiten finden Sie im Register ab S. 186.

TOUR 2

AKUREYRI ADRESSEN

1 AKUREYRI

1 BRYNJA

• Eine lokale Attraktion. Die Eisdiele wird von allen Generationen besucht.
• Leckere Eiscreme, die mit allerlei Toppings (u. a. Schoko oder Karamell) verfeinert werden kann.
Aðalstræti 3 | tgl. 12–23 Uhr

2 KAFFI ILMUR

»Restaurant mit Terrasse im ältesten Haus der Stadt. Besonders gefallen mir die Salatbar und die wunderbare Auswahl an Kuchen.
Hafnarstræti 107b | tgl. 8–19 Uhr

3 AKUREYRI BACKPACKERS

• Der Treffpunkt für Durchreisende.
• Es gibt Burger, Salate und ein Tagesgericht.
• Das Haus bietet auch organisierte Exkursionen an.
Hafnarstræti 98 | tgl. 11.30–15, 16–23 Uhr

4 RUB 23

• Fusionsküche: Fleisch, Fisch, Pizza, Tempura und zum Dessert Crème brûlée.
• Ausgezeichnetes Sushi nach isländischer Art.
Kaupvangsstræti 6 | Mo–Fr 11.30–14, 17.30–22, Fr bis 23, Sa, 17.30–23, So 17.30–22 Uhr

5 GÖTUBARINN

»Die beste Adresse, um mit den Einheimischen etwas zu trinken. Die Einrichtung erinnert an das alte Akureyri.«
Hafnarstræti 96 | Do–Sa 17–4 Uhr, im Winter eingeschränkt | Happy Hour 20–22 Uhr

6 MULABERG BISTRO & BAR

• Hamburger, Entensalat und guter Entenbraten.
• Wunderbare Auswahl an Cocktails: Probieren Sie doch die Erdbeer-Basilikum-Margarita!
Hafnarstræti 87–89 | tgl. 11.30–1 Uhr

7 R5

• Spezialisiert auf isländisches und internationales Craftbeer mit Fingerfood.
• Gemütliche Atmosphäre.
• Regelmäßig Livemusikauftritte und Übertragung von Fußballspielen.
Ráðhústorg 5 | tgl. 17–11 Uhr

AKUREYRI UND UMGEBUNG

2 HALBINSEL TRÖLLASKAGI

Die Berge – die höchsten Islands – verleihen den Tälern und Fjorden eine wilde Schönheit. Die Trolle, die der Halbinsel ihren Namen gaben, sollen hier Schutz gefunden haben ...

- **Gesamte Strecke (Rundreise ab Akureyri): 297 km**
- **Akureyri–Hólar: 171 km**
- **Bus: Rundreise nicht möglich, es werden nur wenige Strecken bedient.**

Strætó: Linie 78 (Akureyri–Dalvík-Siglufjörður)

HIGHLIGHTS

- A Dalvík
- B Hrisey
- C Grímsey
- D Siglufjörður
- E Herring Era Museum
- F Reitausflüge
- G Hofsós
- H Hólar

ADRESSEN

1. Gisli, Eirikur, Helgi – Kaffihus
2. Harbour House Café
3. Siglunes Restaurant
4. Kaffi Rauðka

DIE TUNNEL NACH SIGLUFJÖRÐUR

Zwei (kostenlose) Tunnel ermöglichen die Zufahrt zur Kleinstadt Siglufjörður im Norden der Halbinsel. Achtung, einige Abschnitte sind einspurig! Es gibt dort Parkbuchten, die es ermöglichen, ein entgegenkommendes Fahrzeug passieren zu lassen.

- **Héðinsfjarðargöng:** Der längste Tunnel Islands (11 km in zwei Abschnitten) wurde 2010 gebaut und kann vom östlich gelegenen Olfjördur aus befahren werden.
- **Strákagöng:** Dieser einspurige Tunnel führt in den Westen der Halbinsel Tröllaskagi. Fahrzeuge, die in Richtung Siglufjörður fahren, haben Vorfahrt.

C Grímsey
TOUR 2
Strákagöng
Hestfjall
D Siglufjörður
2 3 4
Herring Era Museum
E
Héðinsfjarðarvatn
Héðinsfjarðargöng
Ólafsfjörður
Ketilás
76
Halbinsel Tröllaskagi
Hrisey
B
A Dalvík
1
Eyjafjörður
82
Grenivík
Árskógssandur
Hauganes
Hofsós
G
F
Laufás
805
Hjalteyri
Möðruvellir
Hólar
H
Svalbarðseyri
Akureyri
Kjarnaskógur
Eyjafjarðarsveit
aumbær
Bakki
Hrafnagil
Varmahlíð
1
0
10
20 km
Saurbær

AKUREYRI UND UMGEBUNG

2 HALBINSEL TRÖLLASKAGI HIGHLIGHTS

A DALVÍK

Weniger bekannt als Húsavík, bietet auch dieses friedliche Fischerdorf Bootsausflüge an, um Wale zu beobachten (**Arctic Sea Tours**, Mai–Sept.) oder zur Insel Grímsey zu fahren (**Saefari Ferry**).

B HRISEY

Fähre (15 Min.) von Árskógssandur

Die **Insel** wird liebevoll »Perle von Eyjafjörður« genannt und bietet einen herrlichen Blick auf die umliegenden Gipfel. Vom Dorf aus kann man Wanderungen oder Fahrten im Traktortaxi unternehmen.

C GRÍMSEY

Anreise mit Fähre und Flugzeug

Diese abgelegene **Insel**, 40 km von der Küste entfernt, wird vom Polarkreis durchquert (lassen Sie sich ein Zertifikat ausstellen!). Es gibt Basaltfelsen, aber auch Robben, Pinguine und Papageientaucher.

D SIGLUFJÖRÐUR

Die Stadt schmiegt sich an den Fjord und war lange ein Hauptort der Heringsfischerei. Der Charme der alten Zeit, die bunten Häuschen und die Spiegelungen in der Bucht sind ein echter Hingucker.

E HERRING ERA MUSEUM

Siglufjörður | Eintritt

Bootshaus, Konservenfabrik, Schlafräume, Büros, in denen man in alten Akten blättern kann – alles wurde bis ins kleinste Detail nachgebildet. Das Heringsmuseum ist eine Reise in Islands Vergangenheit.

F REITAUSFLÜGE

Erleben Sie die Wildnis des Inselnordens im Sattel: Schwimmen mit Pferden **(Fjallahestar)**, Erkundung der Berge **(Tvistur)** oder Traben unter den Nordlichtern **(Langhús Farm)**.

G HOFSÓS

Schwimmbad Eintritt

Das in den Hang gegrabene **Schwimmbad** scheint auf der Bucht von Skagafjórdur zu schweben. Am Fuß der Anlage ragen Basaltsäulen steil aus den kalten Gewässern des Nordmeers auf.

H HÓLAR

Wer hätte geglaubt, dass dieser Weiler von 1106 bis 1801 die Hauptstadt des Nordens und ein Bistum war. Die Tourist-Info bietet einen Plan mit zwölf Etappen zu den Schlüsselorten dieser Epoche.

AKUREYRI UND UMGEBUNG

2 HALBINSEL TRÖLLASKAGI ADRESSEN

1 GISLI, EIRIKUR, HELGI – KAFFIHUS

»In dieser gemütlich eingerichteten Wohnung fühlt man sich sofort wohl. Und die Fischsuppe ist wirklich ein Gedicht!«

Dalvík, Grundargata | tgl. 13–17 Uhr, im Winter eingeschränkt

2 HARBOUR HOUSE CAFÉ

- Die schicke Ausprägung einer Fischerhütte mit gemütlicher Atmosphäre.
- Serviert werden isländische Fischspezialitäten.

Siglufjörður, Gránugata 5b | Mi–Do 20–23.30, Fr 18–1, Sa 12–1, So 12–21 Uhr

3 SIGLUNES RESTAURANT

- Interessantes Experiment: marokkanische und mediterrane Küche mit isländischen Zutaten.
- Perfekt zubereitetes marokkanisches Lamm.

Siglufjörður, Lækjargata 10 | Di–Do 18–21, Fr–So 18–22 Uhr

4 KAFFI RAUÐKA

- Flamingorotes Haus und Terrasse mit schönem Blick auf den Jachthafen.
- Internationale Küche: Burger, Fish 'n' Chips etc., aber auch Apfelkuchen.

Siglufjörður, Gránugata 19 | So–Do 12–17, Fr, Sa 22 Uhr

TAGESAUSFLUG VON AKUREYRI

GLAUMBÆR

ZEITREISE ZU EINEM TORFBAUERNHOF

- **Auto erforderlich, keine Busanbindung**
- **Öffnungszeiten: Sommer tgl., April, Mai, Okt. Sa, So geschl., Winter nur nach Voranmeldung**

DIE SIEDLUNG

Eintritt

Inmitten einer hügeligen Landschaft verbergen die hübschen Grasdächer ein kleines Juwel: einen **Bauernhof**, der aus 13 Gebäuden besteht, die durch einen zentralen Korridor miteinander verbunden sind und weiße Fassaden mit gelben Akzenten aufweisen. In dem Ort, der Isländern sehr am Herzen liegt, hat man Siedlungsspuren aus der Zeit der frühen Wikinger freigelegt. Sogar in der Saga von Erik dem Roten wird er erwähnt.

DER MUSEUMSHOF

Die im 18. Jh. errichteten Torfgebäude auf dem Gelände beherbergen heute ein **Museum** für traditionelle isländische Wohnkultur. Jeder Raum bezaubert mit einem rustikalen, aber überraschend warmen Ambiente: Wohn- und Schlafzimmer, Küche, Schmiede. In einem Nebengebäude, Áshús genannt, wird die isländische Alltagskunst zu Beginn des 20. Jhs. thematisiert, darüber hinaus finden wechselnde Ausstellungen statt.

VÍÐIMÝRARKIRKJA

Sept.–Mai geschl. | Eintritt

Eine winzige Kirche mit Torfdach aus dem Jahr 1834 – eine der letzten in Island. Um ihr warmes holzgetäfeltes Inneres im Winter zu entdecken, informieren Sie sich bitte telefonisch unter 453 6173.

ÁSKAFFI

Ein Teesalon wie bei Großmuttern und eine echte Erinnerung an die Kindheit. Für Feinschmecker!

Glaumbær | Juni–Aug. tgl. 9–18, Sept., Okt. Mo–Fr 11–16, Winter Sa, So 9–18 Uhr

 Die jeweiligen Öffnungszeiten finden Sie im Register ab S. 186.

TOUR
2
Siglufjörður
76
82
Dalvík
Grenivík
Hauganes
Hofsós
805
Hjalteyri
Möðruvellir
Hólar
Akureyri
aumbær
Bakki
Hrafnagil
Víðimýrarkirkja
1
Saurbær
10
20 km

VON AKUREYRI ZUM FLUGHAFEN KEFLAVÍK

- **Icelandair verkehrt zwischen Akureyri (AEY) und dem Inlandsflughafen von Reykjavík (RVK), Dauer: 45 Min.**
- **Flybus (45 Min.) bedient die Strecke zwischen dem Inlandsflughafen Reykjavík (RVK) und dem internationalen Flughafen Keflavík (KEF), Dauer: 45 Min.**

Anfahrt zur Blue Lagoon:

- **Reykjavik Excursions bietet Transfers zwischen dem Flughafen Reykjavík (RVK), Blue Lagoon und dem internationalen Flughafen (KEF) an.**
- **Es gibt auch einen Bus vom BSÍ (Busbahnhof) in Reykjavík (5 Min. mit dem Taxi vom Inlandsflughafen).**

BLUE LAGOON

Route 43 | Eintritt (Reserv.)

Eine türkisfarbene Lagune in einer Lavawüste: die isländische Version einer Oase! Der Eintritt beinhaltet einen Cocktail, den man aus dem Wasser schlürfen kann. Teuer, touristisch, aber paradiesisch.

LAVA RESTAURANT

- Fein Essen mit Panoramablick auf die Lagune.
- Auf den Tisch kommt eine kreative Küche: Lamm mit Datteln, Saibling mit Wacholder …

Blue Lagoon | tgl. 11.30–21 Uhr

Wenn Sie mehr Zeit haben, sollten Sie die Gelegenheit nutzen, um einen letzten Abstecher in Reykjavíks Innenstadt zu machen. Am Busbahnhof gibt es Schließfächer, in denen Sie Ihr Tagesgepäck aufbewahren können, bevor Sie mit dem Bus (Flybus, Gray Line, Strætó) zum internationalen Flughafen Keflavík (KEF) weiterfahren.

- **Gut zu wissen: Die meisten Flüge starten spät abends (1 Uhr) oder am Vormittag (6–12 Uhr).**
- **Bei frühen Flügen können Sie ein paar Stunden Schlaf sparen, indem Sie sich für eines der Hotels am Rand des Flughafens entscheiden. Die meisten bieten einen kostenlosen 24-Stunden-Shuttleservice an.**

 Die jeweiligen Öffnungszeiten finden Sie im Register ab S. 186.

TOUR 2
Westfjorde
Akureyri
1
60
45 min
Halbinsel
æfellsnes
Reykjavík
Keflavík
International
Airport
Keflavík
41
Flughafen
Reykjavík
Blue Lagoon
Halbinsel
Reykjanes
Hella
Vík
20 40 km

REGISTER

BILDNACHWEIS

Shutterstock

19 (ul, uM, ur), 28, 29 (ul, ur), 30 (or), 32, 33 (o, M), 34 (ol, or, oM, ur), 36 (uM, ur), 38 (ol, or), 38 (MM, ul, oM), 40 (oM, ur), 41 (ur), 44 (ol, or, uM, oM), 46 (ol, oM, uM, ur), 48 (or, ul, uM, ur), 50, 61 (o), 64, 66, 68, 69 (M), 74 (u), 75 (o), 79, 82, 85, 86, 88 (o), 89, 93 (ul, uM, ur), 96 (u), 97 (o), 99 (o), 104 (o, u), 106 (M, u), 118, 120 (M, u), 126 (o), 127, 128 (M), 133, 137, 141, 143, 148, 153, 155, 156 (o, u), 159, 164 (o, u), 165 (u), 166, 171, 172, 176 (u, o), 181, 182 (M, u), 184

Adobe Stock

14, 18, 29 (ol, or), 30 (ul), 33 (u), 34 (ul, uM), 36 (oM, or), 38 (uM, Mr, ur), 40 (or), 41 (ol, oM, ul, uM), 42 (oM, or, ul), 44 (ul, ur), 45, 53, 55 (oM, or, Ml, u), 60, 63, 72, 74 (o), 80, 88 (u), 91, 93 (ol, oM, or, Ml, MM, Mr), 116, 122, 125, 128 (u), 132 (M), 144, 150, 151, 169, 174

AGE Photostock

© Mikel Bilbao 6; Ragnar Th. Sigurdsson 30 (ol), 102, Patrick Dieudonne 42 (uM), F. J. Fdez. Bordonada 48 (ol), 138, Leah Bignell 69 (u), 99 (u), Danuta Hyniewska 70, Wolfgang Diederich/imageBROKER 98, Stefan Ziese/imageBROKER 100, Michele Falzone 117, 180, Neale Clarke 160

Getty Images

© Supoj Buranaprapapong 31, Feifei Cui-Paoluzzo 36 (ul), Barry Lewis 40 (ul), Dea / A. Dagli Orti 40 (uM), Historical 41 (or), Gerald MORAND-GRAHAME 42 (ol), Ullstein bild 58, 110, Philippe ROY 77, Tessa Bunney 165 (o)

Hemis.fr

© FRILET Patrick 62

Coralie Grassin

38 (Ml), 39 (o, M), 42 (ur), 48 (oM), 75 (u), 142, 146, 154

Nicolas Dupont

11, 40 (ol), 61 (M), 96 (M), 97 (M), 126 (M), 132 (u)

Für die Bereitstellung dankt der Verlag

© Messin Granda 39 (u); © Brauð & Co. 67

Die französische Originalausgabe mit dem Titel »Simplissime Islande – le guide de voyage le + pratique du monde « erschien erstmals 2019 bei Hachette Livre (Hachette Tourisme) in Vanves, Frankreich.

Autorin: Coralie Grassin
Kartografie: Frédéric Clémençon, Aurélie Huot
Grafische Gestaltung des Innenlayouts und des Umschlags: Studio HelloÉlo
Layout: Elsa Godet
Leiter der Buchreihe: Jean-François Mallet

Verantwortlich: Claudia Hohdorf
Übersetzung: Ewald Tange
Redaktion: booklab
Korrektorat: Ulla Thomsen
Satz: booklab
Repro: LUDWIG:media
Herstellung: Alexander Knoll
Printed in Slovenia by Florjancic

ISBN 978-3-7343-2502-1

★★★★★

Sind Sie mit diesem Titel zufrieden? Dann würden wir uns über Ihre Weiterempfehlung freuen.
Erzählen Sie es im Freundeskreis, berichten Sie Ihrem Buchhändler, oder bewerten Sie bei Onlinekauf. Und wenn Sie Kritik, Korrekturen, Aktualisierungen haben, freuen wir uns über Ihre Nachricht an Bruckmann Verlag, Postfach 40 02 09, D-80702 München oder per E-Mail an lektorat@verlagshaus.de

Unser komplettes Programm finden Sie unter www.bruckmann.de

Alle Angaben dieses Werkes wurden von der Autorin sorgfältig recherchiert und auf den neuesten Stand gebracht sowie vom Verlag geprüft. Für die Richtigkeit der Angaben kann jedoch keine Haftung übernommen werden, weshalb die Nutzung auf eigene Gefahr erfolgt. Insbesondere bei GPS-Daten können Abweichungen nicht ausgeschlossen werden. Sollte dieses Werk Links auf Webseiten Dritter enthalten, so machen wir uns die Inhalte nicht zu eigen und übernehmen für die Inhalte keine Haftung. In diesem Buch wird aus Gründen der besseren Lesbarkeit das generische Maskulinum verwendet. Weibliche und anderweitige Geschlechteridentitäten werden dabei ausdrücklich mitgemeint, soweit es für die Aussage erforderlich ist.

Die Deutsche Nationalbibliothek verzeichnet diese Publikation in der Deutschen Nationalbibliografie; detaillierte bibliografische Daten sind im Internet über http://dnb.d-nb.de abrufbar.